山地自行车定向运动

SHANDI ZIXINGCHE DINGXIANG YUNDONG

韩文华 ◎ 编著

高 嵘 ◎ 主审

大连海事大学出版社

DALIAN MARITIME UNIVERSITY PRESS

图书在版编目（CIP）数据

山地自行车定向运动／韩文华编著. — 大连：大
连海事大学出版社，2024. 12. — ISBN 978-7-5632
-4661-8

Ⅰ. G872.3

中国国家版本馆 CIP 数据核字第 2025BS8907 号

大连海事大学出版社出版

地址：大连市黄浦路523号　邮编：116026　电话：0411-84729665（营销部）　84729480（总编室）

http：//press.dlmu.edu.cn　E-mail：dmupress@dlmu.edu.cn

大连金华光彩色印刷有限公司印装　　　　　**大连海事大学出版社发行**

2024 年 12 月第 1 版　　　　　　　　　　　2024 年 12 月第 1 次印刷

幅面尺寸：184 mm×260 mm　　　　　　　　印张：9.5

字数：209 千　　　　　　　　　　　　　　印数：1~500 册

出版人：刘明凯

责任编辑：刘宝龙　　　　　　　　　　　　责任校对：杨玮璐

封面设计：解瑶瑶　　　　　　　　　　　　版式设计：解瑶瑶

ISBN 978-7-5632-4661-8　　　　　　定价：24.00 元

前　言

习近平总书记指出："体育是提高人民健康水平的重要途径，是满足人民群众对美好生活向往、促进人的全面发展的重要手段，是促进经济社会发展的重要动力，是展示国家文化软实力的重要平台。"2016 年 10 月，中共中央、国务院印发了《"健康中国2030"规划纲要》，提出将健康教育纳入国民教育体系，构建相关学科教学与教育活动相结合、课堂教育与课外实践相结合、经常性宣传教育与集中式宣传教育相结合的健康教育模式，将健康教育纳入体育教师职前教育和职后培训内容。教育部于 2021 年 9 月发布的第八次全国学生体质与健康调研结果指出了学生视力不良和近视率偏高、学生超重肥胖率上升、学生握力水平有所下降、大学生身体素质下滑等一些学生体质与健康状况亟待解决的问题。《山地自行车定向运动》正是基于这一历史背景，依据教育部颁布的《全国普通高等学校体育课程教学指导纲要》的精神撰写的，旨在通过传授山地自行车定向运动理论和技能，普及体育知识和健康知识，促进学生的身体健康、心理健康和社会适应健康；力求协调好定向运动与学生综合职业能力提升的关系，教育学生热爱祖国，帮助学生在体育锻炼中享受乐趣、增强体质、健全人格、锤炼意志，为培养全面发展的人才服务。

在北京师范大学读书的时候，张广德老师带我们体验了"师大校园定向""紫竹院公园定向""圆明园遗址公园定向"等活动，带我们走进地图上的定向运动世界，给我们留下了美好的回忆。我的导师——北京师范大学体育与运动学院博士生导师高嵘教授，给予我谆谆教诲，帮助我更好地定向人生。

到大连海事大学工作之后，我于 2011 年 8 月开设定向运动课程，让我校大学生有机会了解这项具有悠久历史的运动；2014 年 3 月创立校定向运动队并担任指导教师。校定向运动队在国家级和省市级竞赛中为我校争得了荣誉：在第十八届中国学生定向锦标赛上获男子积分定向赛全国冠军和全国亚军以及男子团体总分全国第二名的好成绩，在 2023—2024 全国滑雪定向挑战赛辽宁朝阳站上取得 5 金 4 银 5 铜的优异成绩，获辽宁省前三名以上奖励 100 余项，获辽宁省山地自行车定向运动冠军 3 项，并一举夺得大连市高校定向赛创立以来 18 枚金牌中的 17 枚。我于 2017 年 11 月创立的校定向运动俱乐部，已经为我校大学生举办了七届定向锦标赛和六届趣味定向赛，深受学生们的喜爱，学生们也乐于参与到定向运动中，享受定向运动的乐趣。在本教材的撰写过程中，我将多年带队训练和竞赛的经验融入其中，比如如何借助地图和指北针选择到达目标点的最佳路线、如何进行科学的训练等，帮助学生进一步提高运动技能和竞技水平。

我自 2022 年 3 月开设山地自行车定向运动课程。山地自行车定向运动是一项集体能和智能于一体的体育项目。它在强健体魄的同时，能培养人独立思考、独立解决问题的能力，以及在智能和体能受到压力的情况下迅速做出反应、果断决策的能力。学生以山地自行车定向运动为载体,回归大自然,能够在寻找目标点的过程中提高生活技能和健康水平。

本教材旨在帮助学生树立"健康第一"的思想,深化体教融合,在介绍山地自行车定向运动基本知识、基本技术和基本技能的基础上,力求通过对定向运动教育、体育品德、体育知识、运动技能、健康知识、健康行为、骑行技术、维护保养、运动安全、赛事组织、竞赛规则等内容的详细讲解,提高学生的综合能力,并突出体育人文精神和定向运动精神,充分发挥山地自行车定向运动的综合育人功能。本教材共分为八章和一个附录:第一章是定向运动概述;第二章是定向运动教育;第三章是山地自行车定向运动概述;第四章是山地自行车定向运动基本知识;第五章是山地自行车定向运动基本技术和基本技能;第六章是山地自行车骑行技术和维护保养;第七章是山地自行车定向运动安全管理;第八章是山地自行车定向运动竞赛程序和赛事组织;附录是国际定向运动联合会山地自行车定向运动赛事竞赛规则(2024)。另外,在每一节后面都附有体育知识、健康知识或运动科学知识等内容。

编者在编写过程中直接或间接引用了许多国内外专家和学者的成果,以及国际定向运动联合会、中国无线电和定向运动协会与中国学生体育协会定向运动分会的部分材料,在此向其表示衷心的感谢。同时,感谢为本教材供图的辽宁科技大学刘倩老师,以及大连海事大学定向运动队摄影队成员和定向运动俱乐部摄影部成员。

衷心感谢北京师范大学高嵘教授对本教材的审定;衷心感谢大连海事大学教务处毕开圆老师和张译方老师对本教材的审阅;衷心感谢大连海事大学出版社任芳芳老师、刘宝龙老师、杨玮璐老师和解瑶瑶老师的帮助。最后,我要感谢家人对我的支持和鼓励。

由于编写时间和编者水平有限,教材中难免有不足之处,敬请专家、学者和读者提出宝贵意见,以便再版时改进。

韩文华

2024 年 6 月

目 录

第一章

定向运动概述

章前导言

　　自人类诞生之日起,走、跑、定向等运动形式,就是人类的基本生存技能。人类只有具备在山林中辨别方向、选择路线和越野穿越的能力才能生存。由此我们要了解定向运动起源与发展、定向运动分类和定向运动功能等方面的知识。

 学习目标

　　通过回顾定向运动起源与发展,漫步定向运动历史长河,掌握定向运动的概念。

　　通过学习定向运动分类,了解这一综合性体育活动。

　　通过了解定向运动功能,回归大自然,增进友谊,促进健康,深深地喜欢上这项运动。

第一节　定向运动起源与发展

定向运动(Orienteering)是运动员借助地图和指北针,按规定的顺序独立地寻找若干个标绘在地图上的地面检查点的运动。

运动员在赛前看不到地图。运动员需在检查点之间选择自己认为的最佳路线,用时最短者取胜。

定向运动通常在运动员不熟悉的区域开展,例如山区、森林、郊外、公园和校园等。

关于定向运动

定向运动是一项体能与智能并重的运动。运动员依据地形特征来选择最佳路线。定向运动的独特之处在于运动员借助地图和指北针在高速奔跑的过程中辨别方向和选择路线。

一、世界定向运动起源与发展

定向运动起源于 19 世纪末的瑞典,最初只是一项军事体育活动。1886 年,斯德哥尔摩和奥斯陆的军官学校开设了"读图和野外定向"课程,第一次使用"Orientering"(瑞典语"定向")这个词,并在课程说明中解释了"定向"的含义:借助地图和指北针穿越未知地带。Orienteering(定向运动)的语源是德语单词"Orienterungs Lauf"(确定方向的奔跑)。在瑞典,定向运动最初用于陆军的导航训练,后逐渐演变成陆军的竞赛运动,进而成为普通民众的户外运动。

19 世纪末 20 世纪初,欧洲北部斯堪的纳维亚半岛宽广的土地上,森林密布、湖泊环绕、村庄散落,人们的通行主要依靠那些林中小路。在这样的复杂地理环境中生活很容易迷路,所以需要借助地图和指北针导航。那些经常在斯堪的纳维亚半岛山林中行动的军队,便成了开展定向运动的先驱。军人只有具备在山林中辨别方向、选择路线和越野穿越的能力,才能更好地保家卫国。

1897 年 10 月 31 日,世界上第一次公开的定向赛事在挪威首都奥斯陆附近举办,参赛者仅有 8 人,采用比例尺为 1:3000 的地图,共设置了 3 个检查点。

1899 年 2 月 6 日,世界上第一场滑雪定向赛事在挪威的特隆赫姆(Trondheim)举行,有 12 名参赛运动员,竞赛线路长 20 千米。

定向运动的竞赛从一开始便选择在景观优美的地区举行。1901 年在瑞典举办的第一场定向竞赛中,举办者就选择了两座具有历史价值的教堂作为检查点。

1918 年,瑞典的一位军官、体育领袖恩斯特·维克托·吉兰特(Ernst Victor Killander, 1882—1958)组织了一次名为"寻宝游戏"的活动,引起了参与者的极大兴趣。1919 年 3 月 25 日,在斯德哥尔摩南部纳卡举行了一场影响深远的定向竞赛,参与者有 220人,标志着定向运动成为一个独立的体育项目。时任瑞典斯德哥尔摩体育联合会主席的吉兰特被人们称为"定向运动之父"。

到 20 世纪 30 年代,定向运动已在瑞典、挪威、芬兰、丹麦等国得到了较好的发展。1934 年,定向运动传到了瑞士、苏联与匈牙利。第二次世界大战后,定向运动从欧洲传播到亚洲、北美洲与大洋洲。

1948 年,挪威人绘制了世界上第一张专门用于定向竞赛的专业定向地图。1950年,挪威人克努特·瓦尔斯塔德(Knut Valstad)成功绘制出第一张彩色定向地图,并在当年 4 月 30 日的竞赛中使用。

1961 年 5 月 21 日,国际定向运动联合会(International Orienteering Federation, 简称 IOF)在丹麦哥本哈根成立,10 个创始成员分别是保加利亚、捷克斯洛伐克、丹麦、德意志联邦共和国、芬兰、德意志民主共和国、匈牙利、挪威、瑞典和瑞士,确定了正式的定向运动竞赛项目,制定了竞赛规则和技
术规范。国际定向运动联合会已经协助许多国家成立本国的定向联盟,至 2019 年,已经有 75 个成员。国际定向运动联合会是世界定向运动的行政实体,是国际单项体育联合会总会成员。

定向运动盛行于瑞典。瑞典五日定向赛从 1965 年开始举办,是世界上规模最大的定向赛事,每年 7 月都吸引着来自世界各地的运动员相聚于此。所有瑞典学校的学生和军人都必须学习定向运动,它被设置为一门必修课程。定向运动已经成为许多瑞典人的运动方式。

1966 年 10 月 1—2 日,第一届世界定向锦标赛在芬兰菲斯卡斯(Fiskars)举行,其中传统距离定向赛的男女冠军分别被挪威人奥格·哈德勒(Åge Hadler)和瑞典人乌拉·林德克维斯特(Ulla Lindkvist)夺得,接力定向赛的男子组和女子组冠军都是瑞典队。1977 年,定向运动得到国际奥林匹克委员会的承认。1978 年,在芬兰世界锦标赛中,运动员第一次使用国际标准的检查点说明书(IOF Symble of Control Discriptions)。1994年,在定向世界杯竞赛中,运动员第一次使用电子打卡系统定向。

2016 年 5 月 11 日,国际定向运动联合会组织的第一个"世界定向日"(World Orienteering Day)取得了巨大的成功,全世界超过 25 万人参加了定向运动。世界各地的学校、俱乐部和爱好者都为此做出了贡献,并成功打破了世界纪录。

国际定向运动联合会组织"世界定向日"活动的目标如下：提高定向运动在年轻人中的知名度和可及性，增加参与学校活动以及各国联合会俱乐部活动的人数，帮助教师以寓教于乐的方式开展定向运动，并让更多国家参与定向运动。

　　目前，在世界五大洲的60多个国家和地区中，有400多万定向运动爱好者，许多地区都有专门用于定向运动的活动区域。北欧热爱定向运动的人数已经超过了当地足球爱好者的人数，仅瑞典1000多万的人口中，定向运动爱好者就高达150万人；瑞典有700多个定向运动俱乐部，每年组织1000多场定向运动竞赛，参与人数众多。

国际定向运动联合会

　　国际定向运动联合会于1961年由10个国家的协会发起成立，总部设在瑞典卡尔斯塔德（Karlstad，Sweden），现有75个成员，中国无线电和定向运动协会是该联合会的成员之一。国际定向运动联合会是国际单项体育联合会总会成员，工作语言为英语。该组织的宗旨是普及和发展定向运动，加强各国运动员的友好关系，尊重《奥林匹克宪章》。为此，联合会委托并监督定向世界锦标赛和国际竞赛，为该项目制定统一的规则并监督其实施，确保成员在联合会所有活动中的自主与平等；同时，作为最终裁决人处理定向运动中的冲突，在与之合作的其他体育组织中维护定向运动的利益。

　　国际定向运动联合会的主要赛事包括：每两年一次的定向世界杯、滑雪定向锦标赛、滑雪定向世界杯和滑雪定向青年锦标赛；每年一次的世界定向锦标赛、世界青年定向锦标赛、世界老年定向锦标赛、世界山地自行车定向运动锦标赛、山地自行车定向运动世界杯、世界青少年山地自行车定向锦标赛、世界大师山地自行车定向运动锦标赛等。

二、中国定向运动起源与发展

　　定向运动在我国的首次竞赛是1983年3月10日中国人民解放军体育学院在广州白云山组织的定向野外试验竞赛。此后，其他军事院校也相继举办了定向运动竞赛。

　　1983年7月，北京市测绘学会在举办青少年测绘夏令营时，组织100余名15~17岁的中学生在北京密云举行了一次定向越野竞赛，受到了营员们的欢迎，激发了大家对定向运动的极大兴趣。

　　1984年2月，中国人民解放军体育学院将定向越野列入正式课程。

　　1984年12月，国际定向运动联合会与广州定向运动爱好者建立联系；一年后，委派帕·斯安德伯（Per Sandberg，挪威）、索伦·琼森（Soren Jonson，瑞典）、斯蒂芬（Stephen，瑞典）三人来广州授课，介绍定向运动。

　　1985年9月29日，深圳市体育运动委员会在中国人民解放军体育学院的协助下，与香港野外定向会（HKOC）共同举办了首届"深港杯野外定向85"竞赛。

1986 年 1 月 1—5 日,亚洲及太平洋地区定向越野锦标赛在香港举行;1 月 7 日,深圳市定向运动协会与香港野外定向会在深圳举行了定向越野友谊赛。

1991 年,我国成立中国定向运动委员会。1992 年,中国定向运动委员会加入国际定向运动联合会。1994 年 9 月,我国举行首届全国定向锦标赛,竞赛地点在北京怀柔。1995 年,中国定向运动委员会更名为中国定向运动协会(OAC)。2002 年,第二届全国体育大会将定向运动列为正式竞赛项目,部分中小学、高校开始开设定向运动课程。2002 年,中国学生定向运动协会成立;同年 10 月,该协会举行全国首届学生定向锦标赛。

2016 年 5 月,中国定向运动协会成功举行首届世界定向日暨中国定向周活动,全球共 25 万余人参与。其中,通过中国定向运动协会官方渠道参与此次活动的人数有 3.4 万余人。

2019 年,定向世界杯决赛在中国广州举办,设置了个人短距离赛、短距离接力赛及中距离赛。在本次决赛中,中国队实现冠军"零的突破"——31 岁的郝双燕夺得个人短距离赛女子组第一名。

近些年,国内定向运动赛事体系逐渐完善,全国定向锦标赛、全国定向冠军赛和中国学生定向锦标赛等赛事深受运动员的喜爱。

中国无线电和定向运动协会

中国无线电和定向运动协会(Chinese Radio Sports and Orienteering Association,CRSA&OAC)成立于 1991 年 6 月 1 日,主管单位为国家体育总局,登记单位为民政部。中国定向运动协会(成立于 1995 年)于 2018 年 12 月 9 日注销登记并与中国无线电运动协会合并,同日更名为中国无线电和定向运动协会。

中国无线电和定向运动协会的宗旨是团结全国业余无线电、定向运动爱好者和工作者,指导全国业余无线电活动和定向运动,推动其普及和提高爱好者的水平;增进与各国业余无线电、定向组织及爱好者的交流,加强与国际组织的联系和合作。

第二节　定向运动分类

　　自 1919 年第一次正式的定向运动竞赛在斯堪的纳维亚半岛举行之后,这个项目在北欧得到了迅速发展,并很快普及世界各地。定向运动也由初期单一的竞赛形式逐步演变为包括各种各样的竞赛项目或娱乐项目在内的综合性体育活动。

一、定向运动分类

　　国际定向运动联合会将定向运动分为四类,包括:徒步定向运动(Foot Orienteering)、滑雪定向运动(Ski Orienteering)、山地自行车定向运动(Mountain Bike Orienteering)和沿径定向运动(Trail Orienteering)。

(一)徒步定向运动

　　徒步定向运动是一项运动员借助地图和指北针,在尽可能短的时间内徒步到访若干个检查点的体育运动。徒步定向运动是一项涉及巨大心理因素的耐力运动。由于地图上没有标绘跑进路线,运动员在跑步时必须使用地图和指北针导航。地图提供了地形的详细信息,如山丘、地表、障碍物等。想要在徒步定向运动中取得成功,运动员需要具备出色的地图阅读技能、专注的注意力以及在高速奔跑中快速选择最佳路线的能力。

　　运动员在崎岖不平的路面、人迹罕至的森林或崎岖开阔的山丘上奔跑和越野,因此,需要具备与 3000 米障碍赛或马拉松运动员相近的体能和较强的灵活性。

　　徒步定向运动竞赛种类繁多:个人定向赛(百米定向赛、短距离定向赛、中距离定向赛、长距离定向赛和积分定向赛),接力定向赛(男子接力定向赛、女子接力定向赛和混合接力定向赛),团队定向赛(男子团队定向赛、女子团队定向赛和混合团队定向赛)。借助头灯的夜间定向运动也是一种流行的定向运动形式。

　　世界各地的徒步定向运动员每年都会为世界冠军头衔和世界杯的胜利而战。徒步定向运动于 1977 年成为奥运会公认的运动项目。

　　徒步定向运动也是一项高科技运动。先进技术可使观众和媒体通过电视转播和赛事中心的大屏幕随时了解竞赛进程。摄像机和全球定位跟踪信号可以把竞赛的决定性时刻传送给森林外的观众,向观众展现运动员戏剧性的路线选择和竞技场面,观众可以清楚地看到在森林里越野穿越的运动员,以及他们的路线选择,甚至小的失误。

（二）滑雪定向运动

滑雪定向运动是一项结合了导航和越野滑雪的耐力性冬季运动,使用准备好的越野滑雪道穿越崎岖的地形。滑雪定向运动员需要同时具备很强的身体耐力及力量素质、高超的滑雪技术和选择最佳路线的能力。

滑雪定向运动旨在测试运动员的体能和导航技能。运动员使用地图在密集的滑雪道网络中导航,并以正确的顺序到访检查点。路线选择基于滑雪道的质量、坡度和长度,所有这些信息都可以从地图上读取。

滑雪定向运动采用计时系统来客观评价运动员的成绩,用时最短者获胜。电子指卡可以验证运动员是否按正确顺序到访了所有检查点。电子计时精确到百分之一秒,这一微小差距可能会决定金牌的归属。

滑雪定向运动在精神上和身体上都具有挑战性。这项运动考验并发展运动员的身体能力、数学能力、空间思维能力、短时记忆能力和心理能力。与越野滑雪运动员相比,滑雪定向运动员在对技术更具有挑战性的狭窄软跑道上速度更快。滑雪定向运动员在全速滑雪时,需要阅读地图,并在一条线路上做出多种路线选择。

滑雪和阅读地图的能力是非常有益并且实用的日常技能。通过面对路线选择和方向判断的挑战,运动员可以提高自信心、独立性和生活技能。滑雪定向运动是一项终身运动,有助于提高运动员的生活质量。

滑雪定向运动的竞技场是自然环境,因此它倡导尽量减少或消除竞赛对环境的影响,关注环保和全球气候变暖,并尊重在这方面的任何限制。滑雪定向运动竞赛可在现有的滑雪场举行,利用冬季两项和越野滑雪的专用滑雪道开展竞赛。

滑雪定向运动起源于 19 世纪 90 年代,是一项历史悠久的运动,也是一项公认的奥林匹克运动。它在北欧、东欧国家十分流行。

（三）山地自行车定向运动

山地自行车定向运动是一项耐力运动,吸引了定向运动和山地自行车爱好者。其最重要的定向技巧是路线选择和地图记忆。而对于顶级运动员来说,还要同时具备非常好的山地自行车操控和应对上下陡坡的能力。在竞赛的过程中,运动员通常不会离开小路和赛道。山地自行车定向运动是国际定向运动联合会管理的新兴定向运动项目之一。这项运动始于 20 世纪 80 年代末的一些国家俱乐部,当时山地自行车定向运动是一项流行的户外运动。每届世界山地自行车定向锦标赛会吸引约 25 支国家队参加。

（四）沿径定向运动

沿径定向运动是一项以在自然地形中阅读地图为中心的定向运动项目。这个项目的发展是为了让每个人，包括行动不便的人，都有机会参加有意义的定向运动竞赛。

沿径定向运动允许使用手动或电动轮椅、手杖和辅助移动装备等，因为参赛成绩和移动速度无关。

沿径定向运动员必须在地图上标明地面检查点。由于这是远距离进行的竞赛，并且检查点正确识别的证明不需要任何动手能力，所以健全人、残疾人，甚至运动受到严重限制的人都可以在相同条件下公平竞争。沿径定向运动主要强调运动员对地图和地形的精准判读，精确性是沿径定向运动的主要特征。大多数沿径定向运动竞赛都会设置人人都可以参加的组别。

1992年，沿径定向运动被确认为国际定向运动联合会的一个正式项目。首届沿径定向世界杯于1999年举行，2004年被世界沿径定向运动锦标赛取代，此后该竞赛每年举办一次。

二、主要定向运动赛事

（一）世界定向锦标赛（World Orienteering Championships）

世界定向锦标赛从1966年开始举办，在2003年以前，每两年举办一届（1977年和1978年的赛事除外）；从2003年开始，每年举办一届。该赛事由国际定向联合会主办。

（二）定向世界杯（Orienteering World Cup）

定向世界杯从1983年开始举办，每两年举办一届。2019年，定向世界杯四站竞赛地分别为：芬兰赫尔辛基（中距离赛、长距离追逐赛、短距离接力赛），挪威东福尔（中距离赛、长距离赛、接力赛），瑞士劳芬（中距离赛、短距离淘汰赛、短距离赛），中国广东佛山（短距离赛、短距离接力赛、中距离赛）。

（三）瑞典五日定向赛（O-Ringen）

瑞典五日定向赛从1965年开始举办，是世界上规模最大的定向运动赛事，每年都会在一个新的地方举办，但时间固定在同一周（第30周）。这是瑞典独有的定向盛会，也是全球定向爱好者的梦想赛事，每年会吸引来自全世界40多个国家和地区的约2万名定向爱好者参与其中。

整个赛事持续5~10日，竞赛项目包括徒步定向运动、山地自行车定向运动和沿径定向运动，是自1965年斯科涅（Skåne）竞赛开始就一直存在的原创和经典赛事。如今，瑞典五日定向赛还包括精英巡回赛、三日赛、阶段赛、青年接力赛和训练赛，共125个组别,还为最年轻的运动员准备了 Miniknat(一种专为儿童设计的趣味定向运动)。

作为具有国际影响力的大型赛事,瑞典五日定向赛通常会设置一个能容下 1 万名运动员的营地和一个带有舞台、集市及活动区域的 O-Ringen 广场。每年都有约 2 万名运动员和 7 万名爱好者来此齐聚一堂,这些运动员的年龄范围为 5 岁到 95 岁。自 1999 年以来,它成为一项 Miljömärkt 生态认证赛事。赛事组织委员会(简称组委会)有约 1200 名官员用超过 75000 小时的工作时间来保障赛事的成功举办,同时也会组织丰富多彩的文化娱乐活动。

(四)世界山地自行车定向运动锦标赛(WMTBOC)

世界山地自行车定向运动锦标赛是授予世界山地自行车定向运动冠军头衔的官方赛事。它是在国际定向运动联合会和指定联合会的授权下组织的赛事。

世界山地自行车定向运动锦标赛每年举办一次。赛事计划包括个人山地自行车短距离定向赛、山地自行车中距离定向赛、山地自行车长距离定向赛、山地自行车集体出发定向赛和山地自行车接力定向赛,同时也包括开幕式、闭幕式、合乎需要的模拟赛和休息时间。

世界山地自行车定向运动锦标赛从 2002 年开始举办,竞赛项目包括山地自行车短距离定向赛、山地自行车长距离定向赛和山地自行车接力定向赛。

(五)山地自行车定向运动世界杯(WCup)

山地自行车定向运动世界杯是官方系列赛事,旨在在一个赛季中采取多种形式发掘世界上最好的山地自行车定向运动员。该系列下的每一个赛事都是在国际定向运动联合会和组织者联合会的授权下组织的。

山地自行车定向运动世界杯每年举办一次。山地自行车定向个人世界杯以个人定向赛为基础。山地自行车定向团体世界杯以接力定向赛为基础。

(六)全国定向锦标赛

全国定向锦标赛从 1994 年开始举办,由国家体育总局航空无线电模型运动管理中心、中国定向运动协会主办,是全国定向运动最高级别赛事。竞赛项目包括:短距离赛、中距离赛、长距离赛、接力赛和短距离接力赛。

(七)中国学生定向锦标赛

全国学生定向锦标赛从 2002 年开始举办,由中国大学生体育协会、中国中学生体育协会和中国测绘学会联合主办,由中国大学生体育协会定向运动分会执行主办,是全国学生定向运动最高级别赛事,在 2019 年更名为中国学生定向锦标赛。竞赛项目包括:短距离混合接力定向赛、团队定向赛、混合团队定向赛、短距离定向赛、中距离定向赛、长距离定向赛、积分定向赛和百米定向赛。

中国大学生体育协会定向运动分会

中国大学生体育协会定向运动分会(Orienteering Branch of Federation of University Sports of China),简称中国学生定向协会,是由全国高等学校及其他学校体育教师、学生和其他工作者志愿结成的非营利性的群众性体育团体,是中国大学生体育协会的分支机构之一,在中国大学生体育协会统一领导下开展工作,贯彻执行《中国大学生体育协会章程》。

第三节 定向运动功能

定向运动是亲近大自然的运动。因为它教会你如何在大自然中掌控方向,爱护环境。定向运动是一项非常健康的体育项目,是体能与智能并重的运动。它不仅能强健体魄,而且还能培养人独立思考、独立解决困难的能力,以及在智能和体能受到压力的情况下迅速做出反应、果断决策的能力。运动员基于挑战,勇于尝试从未尝试过的方案,从体能到大脑全身心地以最高时效达到定向顶极目标。

定向运动所特有的趣味性使运动员乐于坚持长时间的耐力锻炼,他们穿梭于空气清新的丛林、山地、溪流等自然风光之中,角逐着体力、较量着智力,在不断的地形判断和路线选择中,快乐地接受耐力训练,在不知不觉中提高了耐力素质。

由于定向运动过程的相对独立性,运动员可以避免身体碰撞时造成的不必要伤害。运动员必须不断地进行读图、判断和反应。通过定向竞赛,运动员可以锻炼控制力、耐力和心理素质,养成良好的团队协作精神,塑造良好的性格。

一、定向运动集实用、时尚、健身和交际于一体

定向运动本身集实用、时尚、健身和交际于一体,很适合都市人群。它是一种容易与对手交流感情的终身运动,可以成为维系人际关系的纽带。

定向运动的实用性十分明显。它最初只是瑞典军队的一种训练形式。在现代,定

向运动不仅可以作为军事训练的内容,还可以作为学校体育教学的内容。

定向运动对提高在野外判定方向的能力及学习使用地图极有益处,还能够培养和锻炼人的勇敢顽强精神,提高人的智力、体力水平,娱乐性与实用性兼备。在青少年中开展此项活动,有助于增强体质健康、减轻学习压力、丰富地理知识,尤其能够培养他们在野外或陌生城市中独立生存的能力。

随着人们生活水平的提高,越来越多的人把定向运动当作一项探索大自然的运动,尤其是学生,已经把参与定向运动视为一种时尚,因为它可以培养独立分析、解决问题的能力和良好的逻辑思维能力,还可以带来惊险刺激的人生体验。

定向运动场已不再是纯粹的竞技场,它同时也是一个社交场所,是促进公众关系的良好媒介。竞赛时,运动员要根据图上标明的运动方向,进行地图与实地对照,选择运动路线,寻找各检查点,比单纯的步行或赛跑更能提高运动员的兴趣;竞赛后,运动员彼此之间交换整个赛程的路线选择、方向判断等经验,能促进运动员间的关系,增进他们的友谊。

二、定向运动易于调节运动强度

定向运动是一项体能与智能并重的运动。定向运动的运动量和运动强度可随意调整,因人而异。运动员要有地理学、测绘学、军事地形学等相关知识的储备以及运用这些知识的能力。定向运动竞赛不仅是体能方面的竞争,而且是智能和技巧等方面的竞争。比如,跑动的速度靠体能;跑动的方向、路线选择的正确与否,靠识图和使用指北针的技巧。

在定向运动竞赛中,年轻人体力好,可以显示他们优良的身体素质和快速寻点、敏捷变向等优势;少年儿童和古稀老人,可以用他们所习惯的跑速、适宜的运动强度,闲庭信步,依次到访各个检查点。不论是年轻的、年少的,还是年老的,通过这种扣人心弦、令人陶醉的竞赛,都可以达到增强体质、增进健康的目的。

三、定向运动是一项终身运动

定向运动之所以成为广泛普及、深受男女老少所喜爱的体育运动项目之一,是因为它适合于不同年龄人的生理和心理特点。

定向运动的趣味性是非常明显的。它从发展初期——瑞典的"寻宝游戏"开始,直至现代各式各样的定向竞赛,都带有浓重的游戏色彩。

定向运动是一项群众性体育项目,它的参加对象十分广泛,男女老幼都能成为这项运动的参与者和爱好者。据国外有关媒体报道,参加定向运动竞赛的年龄最小者为5岁,最大者为95岁。因此,定向运动是体育运动项目中运动寿命最长的项目之一。

四、定向运动可使运动员身心完全放松

随着城市化进程的加快,人们的生活越来越紧张忙碌,身体与心理上出现不良反应的情况越来越普遍,如疼痛、疲惫、忧虑、不安等,这些都是压力的表现。

当人们感到压力时,身体自然会出现加速冒汗、食欲不振、失眠、心慌等变化。心理学家发现,日常生活中琐碎的问题、复杂的人际关系、繁重的工作、理想化的社会期望、

不可预知的身体状况等都可能是压力的来源。过大的压力对人体有害,会使人精神紧张、内分泌失调、心跳加速等,以致影响身体健康与生活品质。

研究表明,适度的运动可以增进体能并增强免疫系统活化,因此,选择适合自己的运动并坚持锻炼,结合充足的休息,是疏解压力、调节免疫的最佳手段。定向运动具有强度适宜、无身体接触、趣味性强和在室内外都可以进行等特点,成为人们调节身心的有效手段之一。

文明其精神,野蛮其体魄

"文明其精神,野蛮其体魄"出自 1917 年毛泽东在《新青年》上发表的文章《体育之研究》,意思是通过教育提升人们的精神素养,通过体育锻炼提高人们的身体素质。我们要推动青少年文化学习和体育锻炼协调发展,让青少年强身健体、成长成才。

关于如何才能够获得体育锻炼的效果,毛泽东的理解是:一要有锻炼的自觉性。"欲图体育之有效,非动其主观,促其对于体育之自觉不可。"二要有恒。"日以为常,使此运动之观念,相连而不绝。今日之运动,承乎昨日之运动,而又引起明日之运动。"三要充满兴趣和快乐。"兴味者,运动之始;快乐者,运动之终。兴味生于进行,快乐生于结果。"运动中的兴趣和快乐都是很重要的。

 ## 本章思考题

1.通过对本章的学习,你了解了哪些定向运动(定向运动类别)？对哪类定向运动印象深刻,最感兴趣？

2.谈谈你对瑞典五日定向赛的认识。

第二章

定向运动教育

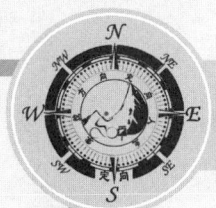

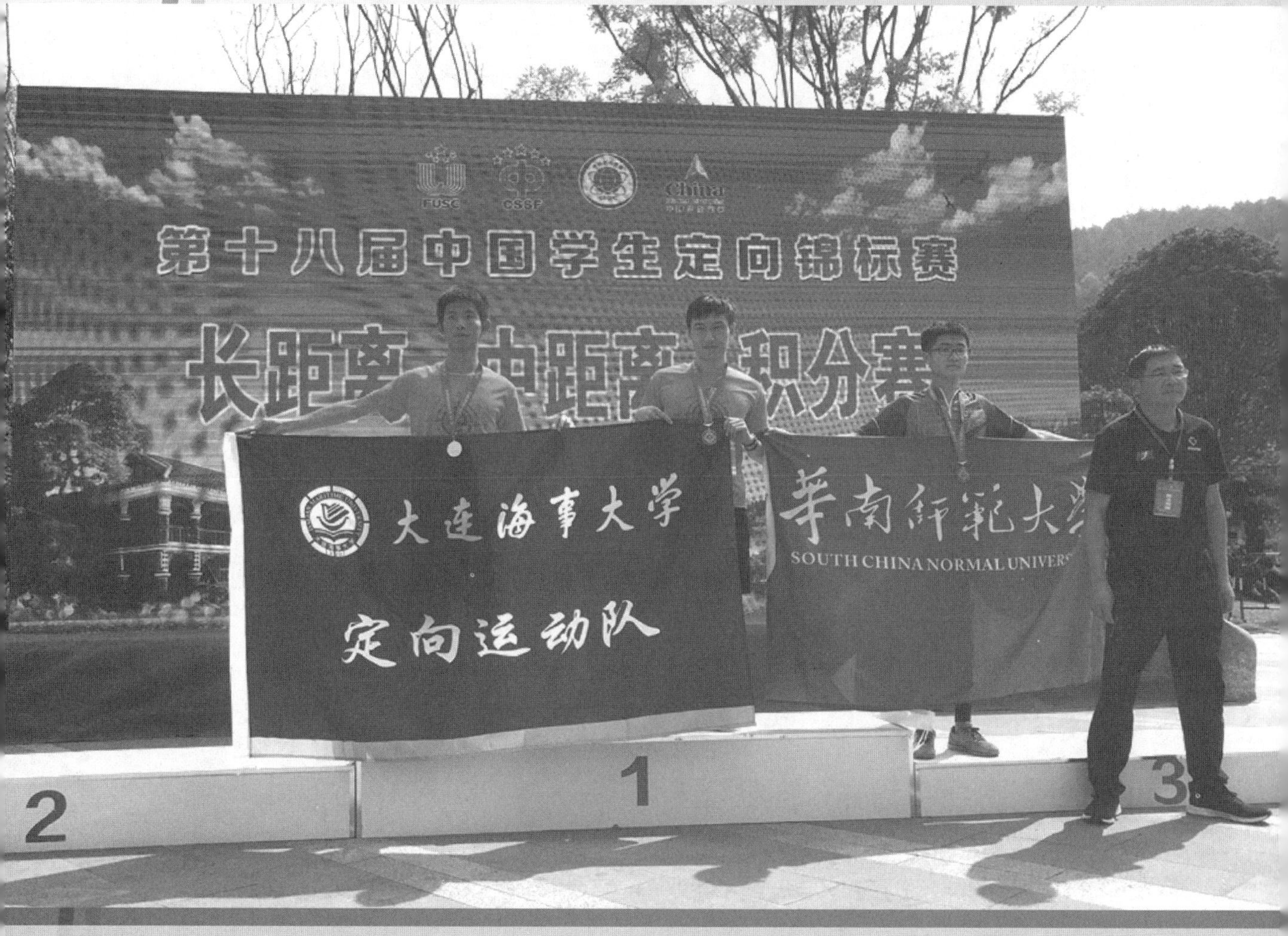

FUSC
CSSF
第十八届中国学生定向锦标赛
大连海事大学
定向运动队
SOUTH CHINA NORMAL UNIVERS
2
1
3

章前导言

定向运动精神:掌控方向,定向人生。它将引领我们选择最佳路线,走好人生路。我们要受惠于定向运动健康教育。

 学习目标

了解定向运动教育价值,并内化到心中,进而践行到学习、生活和工作中。接受定向运动健康教育,树立科学健康观,养成良好的健康生活方式。

第一节　定向运动教育价值

体育思想中的运动参与精神、奋力拼搏精神、公平竞争精神和爱国主义精神,以及"和平、友谊、进步"的国际主义思想都具有特殊的教育价值。

一、教育——定向运动精神的核心

学校体育使学生更有朝气。竞技运动是重塑青年一代,整复其业已失衡的身心的强有力的促进剂。学校可通过定向运动这一特殊的教育手段教育学生,沿着由个体到社会、由微观到宏观的逻辑顺序构建定向运动精神,即首先使个人得到全面发展,进而扩展到社会,实现完善社会的目的。

定向运动精神:掌控方向,定向人生。它是增强学生体质、健康、意志、精神并促进其全面发展的体育哲学。学校可通过将定向运动体育教育与文化教育相融合,引导学生遵守基本的社会公德,勇于拼搏,发挥良好榜样,传递"相互理解、友谊、团结和公平竞争"的奥林匹克精神,促进学生的全面发展。

二、积极参与——体育育人的前提条件

"参与比取胜更重要",这是顾拜旦体育思想的重要体现和精髓所在,也是奥林匹克运动广为流传的信念和奥林匹克精神的第一原则,在定向运动中也是如此。在顾拜旦看来,"奥运会最重要的不是胜利,而是参与"。因为,"生活中重要的不是凯旋而是奋斗,其精髓不是为了获胜而是使人类变得更勇敢、更健壮、更谨慎和更落落大方。这是国际奥委会的指导思想"。他告诫人们,要牢记这些名言,并传播这些名言,实践这些名言,将其扩展到诸多领域。

三、奋力拼搏——中华崛起的时代精神

体育教育具有综合育人价值。体育教师在体育教学中必须提倡超越自我、不断向上的奋斗精神,在定向运动中坚持不断进取、永不满足的奋斗精神和不畏艰险、勇攀高峰的拼搏精神。奋力拼

搏不仅是定向运动精神的灵魂,也是学生在学习、生活和工作中需要具备的重要品质,更是人类最伟大、最可称颂的内在力量。

四、公平竞争——社会公平的公德规范

竞争是竞技运动的灵魂和基本形式,也是人类与生俱来的天性和推动人类社会发展进步的动力。竞技运动中的公平竞争堪称人类理性规范竞争的典范,它为人类社会构筑了一个人们认同的相对合理的竞争模式。有鉴于此,顾拜旦在奥林匹克理想的建构中,把"费厄泼赖"(Fair Play)作为和"对美与优雅的崇拜"相并列的重要组成部分,倡导"费厄泼赖"式的"骑士精神"。同时,顾拜旦也清醒地认识到,现代物质文明对奥林匹克理想的冲击,使得"公平竞争处于危险之中,特别是由于种种毒害毫无顾忌地滋长,造成竞赛的狂热,赌博和冒险的狂热"。为此,他极力提倡"来不得半点虚假"的公正竞争,对运动竞争中的弄虚作假深恶痛绝,强调"荣誉的赢得要公正无私,反之则毫无意义"。

五、爱国主义——民族自强的精神源泉

中华民族素有爱国主义的优良传统,中国人民素有"位卑未敢忘忧国"的爱国情怀。从共和国领袖发出"发展体育运动,增强人民体质"的呼吁,到体育健儿"人生能有几回搏"的拼搏豪气,中国体育随着共和国的崛起而甩掉了"东亚病夫"的帽子,体育健儿们拼搏进取,"冲出亚洲、走向世界"的壮举和一个个"零的突破"更加增强了中华民族的自尊心和自信心,并焕发出"团结起来,振兴中华"的精神力量。

 中国奥运第一人——刘长春

刘长春(1909—1983),辽宁省大连市人,1927年就读于东北大学体育系,1932年毕业。1932年7月30日,代表中国参加在洛杉矶举行的第10届奥运会,成为第一位正式参加奥运会的中国运动员。1936年,他再次代表中国参加在柏林举行的第11届奥运会。

在教学生涯中,他时刻严于律己,坚持求真务实,重视加强体育基本功训练和示范动作规格化,倡导启发式教学。他说:"一个学生、一个运动员只有吃大苦,有拼劲,将来才能有成就。"

六、和平、友谊、进步——人类社会的永恒追求

定向运动是体能与智能并重的一项运动。顾拜旦先生理想中的奥运会是"体力和脑力的结合,相互帮助和竞争的结合,崇高的爱国主义和智慧的世界主义的结合",是"人类团结的重要节日"与和平的象征。他既定的奥运宗旨是:"通过没有任何歧视并按照奥林匹克精神——相互理解、友谊、团结和公平竞争精神的体育活动来教育青年,从而为建立一个和平而美好的世界做出贡献。"基于这样宏大的理想,他赋予奥林匹克主义以"和平、友谊、进步"的内涵,他设计的"五环旗"昭示世界人民友好团结。中华民族有着为世界文化和人类进步事业发展做贡献的强烈愿望。

中华体育精神

中华体育精神反映着中国体育的价值导向和文化追求,不仅是中国体育的灵魂,也是中华民族的宝贵精神财富。

2013年8月31日,习近平总书记在沈阳会见全国体育先进单位和先进个人代表等时强调,"广大体育工作者在长期实践中总结出的以'为国争光、无私奉献、科学求实、遵纪守法、团结协作、顽强拼搏'为主要内容的中华体育精神来之不易,弥足珍贵"。

为国争光就是要为国家和人民争取来自世界体坛的荣誉,中国体育人要把为国争光作为自己的终身追求。

无私奉献指的是淡泊名利、甘于奉献,展现了一种大爱的胸怀、忘我的精神。

科学求实指的是在实事求是的基础上讲求科学,尊重规律,谋求科技助力体育发展。

遵纪守法指的是遵守体育的伦理道德和相关制度规范,通过公平竞赛和兑现承诺,维护体育的诚信。

团结协作是中国人民和中华民族战胜前进道路上一切风险挑战、不断从胜利走向新的胜利的重要保证。

顽强拼搏是中国体育的优秀传统,不屈不挠、砥砺奋进是中国体育人的行为方式和重要标志。

第二节　定向运动健康教育

中共中央、国务院印发的《"健康中国 2030"规划纲要》提出将健康教育纳入国民教育体系,构建相关学科教学与教育活动相结合、课堂教育与课外实践相结合、经常性宣传教育与集中式宣传教育相结合的健康教育模式。培养健康教育师资,将健康教育纳入体育教师职前教育和职后培训内容。教师应将健康教育融入定向运动教学。

一、树立现代健康观

20 世纪 30 年代,美国健康教育家鲍尔(Bauer)和霍尔(Hull)提出了较为完善的健康定义:"健康是人们在身体、心情和精神方面都自觉良好、精力充沛的一种状态。其基础在于机体一切器官组织机能正常,并掌握和实行适应物质、精神环境和健康生活的科学规律。另外,健康是争取使生命更高尚、更丰富应具备的必要的物质条件。"1947 年,世界卫生组织(WHO)在《世界卫生组织宪章》中指出:"健康乃是一种身体的、心理的和社会适应的健全状态,而不只是没有疾病或虚弱现象。"1978 年,国际初级卫生保健大会发表的《阿拉木图宣言》对健康的含义又做了重申:"健康是基本人权,达到尽可能高的健康水平,是世界范围内的一项最重要的社会性目标。"在世界卫生组织的推动下,上述健康的新概念在全球得到了传播并日益为人们所接受,其将健康划分为生理、心理、社会三个层面。

生理健康是指人的身体能够抵抗一般性感冒和传染病,体重适中,体形匀称,眼睛明亮,头发有光泽,肌肉皮肤有弹性,睡眠良好等,是躯体、器官、组织和细胞的健康。生理健康是人们正常生活和工作的基本保障,达不到这一点,就谈不上健康,更谈不上长寿。

心理健康是指人的精神、情绪和意识方面的良好状态,包括:智力发育正常,情绪稳定乐观,意志坚强,行为规范,精力充沛,应变能力较强,能适应环境,从容不迫地应付日常生活和工作压力,经常保持充沛的精力,乐于承担责任,人际关系和谐,心理年龄与生理年龄相一致,能面向未来。心理健康同生理健康一样重要。据医学家测定,良好的心态,能促进人体分泌出更多有益的激素,能增强机体的抗病能力,促进人体健康长寿。如果学生的心理健康存在问题,就会直接影响其生活与学习,严重者可导致心理疾病,甚至辍学。

社会健康也是健康新概念中的一项内容。它主要是指能够按照社会道德行为规范约束自己,并支配自己的思想和行为,有辨别真与伪、善与恶、美与丑、荣与辱的是非观念和能力。把道德纳入健康范畴是有科学依据的,品行善良,心态淡泊,为人正直,心地善良,心胸坦荡,则会心理平衡,有助于身心健康;相反,有违于社会道德准则,胡作非为,则会导致心情紧张、恐惧等不良心态,有损健康。食不香、睡不安、惶惶不可终日者,何以能谈健康!据测定,这类人很容易发生神经中枢、内分泌系统功能失调,其免疫系统的防御能力也会减弱,最终会在恶劣心态的重压和各种身心疾病的折磨下,发生早衰或者早亡。

世界卫生组织发布了衡量一个人是否健康的十大准则:

(1)有充沛的精力,能从容不迫地担负生活重担和繁重工作,而不感到过分紧张与疲劳。

(2)处事乐观,态度积极,乐于承担责任,事无大小,不挑剔。

(3)善于休息,睡眠好。

(4)应变能力强,能适应外界环境的各种变化。

(5)能够抵抗一般性感冒和传染病。

(6)体重适当,身体匀称;站立时,头、肩、臂位置协调。

(7)眼睛明亮,反应敏捷,眼睑不易发炎。

(8)牙齿清洁,无龋齿,不疼痛;牙龈颜色正常,无出血现象。

(9)头发有光泽,无头屑。

(10)肌肉丰满,皮肤有弹性。

二、生活方式教育

生活方式是指个体或群体日常生活的习惯行为,包括饮食习惯、衣着习惯、运动习惯、作息习惯、交流习惯、爱好等。每个人都有自己的生活方式,每一个地区、每一个社区的生活方式会有共同点。

人们的生活方式与其健康有着极为密切的关系。健康的生活方式可以使人获得健康,免受许多疾病困扰,而不健康的生活方式则会给人带来疾病。

(一)生活方式的变化及其对健康的影响

随着科学的进步、技术的更新和社会的发展,我国国民的生活水平有了显著提高。城市居民饮食结构发生了质的变化,精粉细米取代了五谷杂粮,鱼肉禽蛋换下了新鲜蔬菜,深加工的精制食品取代了天然食物。这种饮食方式的直接后果就是营养失衡和能量过剩。此外,信息化、自动化、工业化和城市化的发展,在给城市居民生活带来幸福和极大便利的同时,也导致他们身体活动不足、精神高度紧张、人际关系日趋淡漠,出现各种心理疾患。同时,吸烟、酗酒和滥用药物等也是现代生活中常见的不良习惯。所有这些因素构成了不健康的生活方式,对国民健康带来极大威胁。现代医学研究表明,影响我国国民健康的主要疾病是恶性肿瘤、心脑血管疾病、高血压、糖尿病和肥胖症等慢性病,而这些疾病的产生都与不良生活方式有关。

(二)生活方式病

与生活方式有明确因果关系的疾病可称为生活方式病,其中以慢性非传染性疾病为主。

不健康生活方式直接或间接地与多种慢性非传染性疾病有关,如高血压、冠心病、肥胖、糖尿病、恶性肿瘤等。同时,不健康生活方式也直接与性病、艾滋病、甲型肝炎等传染病有关。现代人类所患疾病中有 45% 的疾病与生活方式有关,而死亡的因素中有 60% 的因素与生活方式有关。在美国,不健康生活方式占总死因的 48.9%,在我国占 37.3%。

（三）健康生活方式的四大基石

1.第一基石:合理膳食

吃是世上最简单的事,但又是世上最复杂的事。吃出病来容易,吃出健康不易,不但急性病、肠胃病是吃出来的,就连心血管病、糖尿病也多半与吃有关,所以吃的学问绝不简单。合理膳食的基本要求有:

（1）食物要多样,以谷类为主;

（2）多吃蔬菜、水果和薯类;

（3）常吃奶类、豆类及其制品;

（4）适量吃鱼、禽、蛋、瘦肉,少吃肥肉和荤油;

（5）食量与体力活动要平衡,保持适宜体重;

（6）吃清淡少盐的膳食;

（7）吃清洁卫生、不变质的食物。

2.第二基石:适量运动

40多项国际重要的流行病研究表明:运动是生命和健康的源泉。体育运动具有8大健康功能:

（1）改善心理素质;

（2）提高心脏功能;

（3）减缓增龄性血压上升;

（4）预防和减轻糖尿病;

（5）延缓动脉粥样硬化;

（6）防止骨质疏松与骨质增生;

（7）改善脂肪代谢,健美体形,减轻肥胖;

（8）激发和提高免疫力。

3.第三基石:戒烟限酒

吸烟有害健康,这已成为全球共识。科学家已经证实烟雾中含有多种有害的物质,如尼古丁、焦油、一氧化碳、氢氰酸、氮氧化物等。这些物质与人体的许多疾病息息相关,如癌症、呼吸系统疾病、心血管疾病等。因长期大量吸烟而引发的疾病有肺癌、支气管炎、肺气肿、动脉硬化等。吸烟对青少年健康影响更甚,由于在青少年时期各系统和器官发育尚不完善,吸烟对其骨骼发育、神经系统、呼吸系统以及生殖系统均有影响。有资料表明,吸烟年龄越小,对健康的危害越严重。《中华人民共和国烟草专卖法》明确规定:劝阻青少年吸烟,禁止中小学生吸烟。

对经常饮酒的人来说,酒是天赐佳酿,可以带来欢乐和健康,殊不知同时也可以带来不幸和死亡。大量饮酒可以使血压升高,并使脑卒中、心脏性猝死、冠心病的发病率和死亡率迅速上升。有关报道表明:半数被捕罪犯、40%死于交通事故的受害者和25%在综合医院住院的病人都与酗酒有关。

4.第四基石:心理平衡

近年来心理健康问题越来越受到人们的关注。社会的转型,带来了一系列的变革,各种现实问题困扰着人们。面对社会的不公平和生活的压力,心理失衡的大有人在。学生正处于情绪波动强烈的时期,更要学会以正确的方法来对待问题,有了心事应多与家长、老师和同学交流,不宜积压在心里,导致患心理疾病。

(四)健康生活方式的养成

美国加州大学对 7000 名 11~75 岁的不同阶层、不同生活方式的男女居民进行了 9 年的追踪研究,结果证实,人们的日常生活方式对身体健康的影响远远超过所有药物的影响。据此,他们研究出一套简明的、有助于健康的生活方式:

(1)每天保持 7~8 小时的睡眠;

(2)有规律的早餐;

(3)少吃多餐;

(4)不吸烟;

(5)不饮或饮少量的低度酒;

(6)控制体重;

(7)有规律的锻炼。

体育锻炼与健康生活方式

健康生活方式是健康的基石。健康生活方式包括:运动锻炼行为、生活规律行为、饮食营养行为、健康危害行为、健康责任行为、人际支持行为、压力管理行为、生命欣赏行为等。其中,运动锻炼行为是最重要的健康生活方式之一。

不经常参与体育锻炼的人群处于若干慢性紊乱危险中,如:心脏病、脑卒中、肥胖和糖尿病。但尽管这些个体处于危险中,他们却并没有体验与这些疾病相关的任何症状。因此,他们可能没有考虑改变自己的生活方式,或者提高体育锻炼水平。

世界卫生组织曾号召人们为健康而参与体育锻炼,从而获得更高的健康水平,把"体育锻炼"作为世界卫生日的主题,并且更明确地提出"运动有益健康"的口号,推崇健康生活方式。

《体育科学词典》指出,体育锻炼是增进健康和增强体质的最积极、最有效的办法。锻炼行为要以健康为主要目的,具有一定强度、频率和持续时间。

学生阶段是学生个体养成健康生活方式的关键阶段,学生应加强自身健康管理,积极参与体育锻炼,养成良好的健康生活方式。体育锻炼有助于学生身体素质的提高和健康生活方式的保持。加强学校体育教育工作,引导学生更多地参与体育锻炼,有利于培养学生健康的生活方式和预防慢性病。

**本章思考题**

1.谈谈你对体育精神和定向运动精神的理解。
2.谈谈你和家人将如何形成健康生活方式。

第三章

山地自行车定向运动概述

章前导言

　　安全是组织山地自行车定向运动的底线,适宜的场地是山地自行车定向运动开展的保障,专业的装备是山地自行车定向运动教学、训练和课外活动的必备条件。我们在了解了这些之后,就进一步走进了这项运动。

学习目标

　　了解山地自行车定向运动起源与发展。

　　掌握山地自行车定向运动安全。

　　了解山地自行车定向运动场地。

　　熟悉山地自行车定向运动装备。

第一节 山地自行车定向运动起源与发展

山地自行车定向运动是运动员借助地图和指北针,使用山地自行车按规定的顺序独立地寻找若干个标绘在地图上的地面检查点的运动。

运动员在竞赛开始之后才能看到通向检查点位置的路线。在导航技能起决定作用的竞赛中,它检验着运动员的导航和山地自行车骑行技能。运动员必须通过骑、搬或推山地自行车完成竞赛。只有地图上用适当的符号标绘的区域才允许运动员离开小路和小径越野骑行。

在个人间隔出发定向赛中,运动员独立导航和骑行穿越地形。在集体出发和追逐出发定向赛中,运动员可能经常彼此紧挨着骑行,但仍然需要独立导航。

一、世界山地自行车定向运动起源与发展

1977 年,山地自行车起源于美国,由美国加利福尼亚大学的学生斯科特将普通自行车改装而成,随后在欧美流行起来。

山地自行车定向运动始于 20 世纪 80 年代末的一些流行山地自行车户外运动的国家俱乐部。

1997 年,有 12 个国家举办了全国山地自行车定向锦标赛。2009 年,举办全国山地自行车定向锦标赛的国家数量增加到 58 个。

1999 年,奥地利、捷克和西班牙举办了山地自行车定向运动世界杯,设置山地自行车个人定向赛和山地自行车接力定向赛。

2002 年 7 月 4 日,在法国枫丹白露(Fontainebleau)举办了 2022 年世界山地自行车定向锦标赛(WMTBOC 2002),设置山地自行车中距离定向赛、山地自行车长距离定向赛和山地自行车接力定向赛,有 29 个国家的运动员参与了竞赛。

2006 年 9 月 1 日,在波兰华沙(Warsaw)举办了 2006 年欧洲山地自行车定向锦标赛(EMTBOC 2006),设置山地自行车中距离定向赛、山地自行车长距离定向赛和山地自行车接力定向赛,有 24 个国家的运动员参与了竞赛。

二、中国山地自行车定向运动起源与发展

2015 年 10 月 24 日,在陕西省西安市渭河城市运动公园举办了 2015 年陕西省山地自行车定向锦标赛,设置短距离赛,分为精英组、成年男子组、成年女子组和公开组。

2016 年 8 月 6 日,在陕西省汉中市留坝县举办了 2016 年第二届陕西省山地自行车定向锦标赛,设置短距离赛,分为精英男子组、成年男子组、成年女子组和公开组。

2017年7月29日,在陕西省汉中市留坝县举办了2017年陕西省第三届山地自行车定向锦标赛,设置短距离赛,分为男子精英组、男子大师组、女子公开组和大众体验组。

2018年12月22日,在陕西省西安欧亚学院举办了2018年陕西省第四届山地自行车定向锦标赛,设置短距离赛。参赛形式为混合公开团体赛,4人为一组,每组至少有1名女性队员,使用电子打卡设备。参赛者需手持地图借助指北针寻找对应点位且需同时到达,错打或漏打均会做出加时处罚,最终以团队用时最少者为优胜队。

2020年10月25日,在陕西省西安欧亚学院举办了2020年陕西省第五届山地自行车定向锦标赛,设置短距离赛。参赛形式为混合公开团体赛,4人为一组,每组至少有1名女性队员。

2021年7月24日,在辽宁省丹东举办了2021年辽宁省环渤海经济带山地定向户外挑战赛,设置徒步定向中距离个人赛、山地自行车定向中距离个人赛、山地自行车定向短距离个人赛和徒步定向短距离个人赛。

2023年5月26—28日,在辽宁丹东举办了2023年辽宁省定向锦标赛暨辽宁省环渤海经济带山地定向户外挑战赛丹东分站赛,设置徒步定向短距离混合接力赛、短距离个人赛、中距离个人赛、山地自行车定向中距离个人赛等多个项目。竞赛吸引了27支代表队,近300名专业定向运动队员报名。

中国学生体育联合会

中国学生体育联合会,简称中国学体联,英文译名为China Student Sports Federation,英文缩写为CSSF。

2024年3月20日,中国学生体育联合会第九次会员代表大会在北京召开。会议要求,中国学生体育联合会要深入学习领会习近平总书记关于教育、体育的重要论述,深刻认识学校体育工作的重大意义和历史使命。中国中学生体育协会和中国大学生体育协会分别成立于1973年和1975年,都是教育部主管的全国性专业社团。为适应新时代学校体育高质量发展新形势新任务新要求,两个协会决定合并组成中国学生体育联合会。本次会议标志着中国学生体育联合会正式成立。

中国学生体育联合会的宗旨:坚持以马克思列宁主义、毛泽东思想、邓小平理论、"三个代表"重要思想、科学发展观、习近平新时代中国特色社会主义思想为指导思想和行动指南,全面贯彻党的教育方针,落实立德树人根本任务,面向全体学生,团结社会各界人士,促进国际交流与合作,全面发展学生体育事业,增强青少年体质,促进学生身心健康,为培养德智体美劳全面发展的社会主义建设者和接班人,实现中华民族伟大复兴的中国梦做出贡献。

第二节　山地自行车定向运动安全

安全是参加山地自行车定向运动的前提条件。运动员需要提高安全意识。赛事组织者要把安全作为山地自行车定向运动赛事的生命线,要强化各方面的安全保障,成立安全管理机构,抓好安全管理和救护工作,完善防疫、防火、防突发事件等风险防控措施。

一、安全教育

教师在教授学生山地自行车定向运动的过程中要进行安全教育,对学生进行预防传染病、食物中毒等安全知识的教育,提高学生的安全意识和自我保护意识,讲授安全定向的方法。

赛事组织者应对运动员进行安全教育,在赛前发放安全教育材料,在赛前联席会议上强调安全事宜:认真学习《国际定向运动联合会山地自行车定向运动竞赛规则》;预防运动损伤;戴好定位系统;正确评估自身能力,尤其在高温(或低温)和身体不适的情况下,超时一定要及时返回终点。每队所有参赛队员在安全返回以后应及时到竞赛中心咨询服务处签退,签退人必须是领队或教练。

二、健康检查

运动员需要评判自己是否可以正常参与山地自行车定向活动。竞赛委员会应在竞赛规程中对运动员的身体健康检查做出规定,并在运动员报到时进行确认。禁止身体健康检查不合规定或不能提交身体健康检查证明的运动员参赛。

三、购买保险

运动员应购买基本的保险,同时可以购买定向运动专项保险。运动员(含领队和教练员)应充分认识山地自行车定向运动存在的潜在危险,并根据竞赛规程的要求购买保险,自行承担赛事风险。禁止没有按规定购买保险的运动员参赛。

四、安全规则

运动员应熟悉山地自行车定向运动规则,尤其是安全规则。所有运动员一经出发,无论是否完成竞赛,都必须返回成绩统计处报到并录入个人竞赛信息。如有特殊情况,必要时也可通过场地裁判长向成绩统计裁判长通报和录入个人信息。如果运动员超过有效时间或关门时间仍未到达终点,领队或教练应及时向竞赛中心报告。

线路设计员应考虑线路设计中所有的安全因素,尽量使线路能引导运动员避开禁区和危险区。对于运动员可能到访、但地图上没有清晰显示其危险性的区域,应用警示带标识,并安排工作人员提醒。

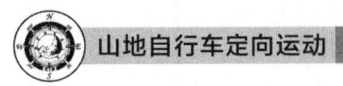
五、安全预案

运动员应根据自己的身体状况做好安全预案。组织委员会要做好医疗保障工作，科学地设置急救站位置。竞赛委员会应制定搜索迷路运动员的应急救援预案。竞赛委员会在选择竞赛地点和竞赛场地时，应对场地的安全性、通信信号的稳定性和覆盖率及交通的便利性进行评估。如竞赛场地存在交通安全隐患，应采取应对措施，必要时应实施交通管制，否则不得进行竞赛。

在诸如天气恶劣、竞赛场地损毁、通信信号稳定性差和覆盖率不足等极端异常情况下，竞赛委员会应及时采取措施，做出缩短竞赛线路，提早、推迟、终止或取消竞赛等决定。如出现明显危及运动员安全的客观情况，竞赛委员会必须取消该场竞赛。

北斗+山地自行车定向运动

北斗卫星导航系统（Beidou Navigation Satellite System，BDS）是中国着眼于国家安全和经济社会发展需要，自主建设运行的全球卫星导航系统，是为全球用户提供全天候、全天时、高精度的定位、导航和授时服务的国家重要时空基础设施。

2020年7月31日，北斗三号全球卫星导航系统正式开通，向全球提供服务。

在趣味山地自行车定向运动竞赛中，运动员可以利用具有北斗定位功能的智能手机代替传统的电子打卡器，到访检查点位置即成功打卡。组织委员会也可以根据北斗定位功能搜寻迷路的运动员。

第三节　山地自行车定向运动场地

竞赛区域包括起点区、赛场、终点区在内的所有区域。竞赛区域确定后，组织委员会应尽快在补充通知中宣告该区域成为禁区。代表队或与代表队相关的人员不得以任何理由进入禁区。如有特殊情况需进入禁区，应向竞赛委员会提出申请，得到许可后方可进入。

一、竞赛区域地形

山地自行车定向运动对竞赛区域地形的要求如下：

（一）场地安全

对于场地危险区、禁止通行的道路、禁止穿越的线状地形等，如有必要，应在实地中标出，并设置警戒带。对所有存在安全隐患的检查点应采取预防措施。

(二) 未知区域

竞赛区域必须是所有运动员都不熟悉的未知区域。应防止赛区当地的运动员在竞赛中获益。为保证这一点，有的国家规定：三年内不得在同一地点举行第二次竞赛。

(三) 场地保密

竞赛区域的选择与确定在赛前必须严格保密。在通常情况下，合格的山地自行车定向运动竞赛区域应具备下列特点：中等起伏的森林地域，植被适度；地形变化多样的有限通视地域；生疏的人烟稀少地域。在组织一般的山地自行车定向运动竞赛时，城市公园、近郊区以及未耕种或未长成的田地也是可供选择的地点。

二、起点区和终点区

山地自行车定向运动竞赛的起点与终点最好设置在同一区域或邻近区域，这样能方便竞赛的组织工作。起点与终点一般设在地势平坦的开阔场地上。终点通道需要有平坦和足够的冲刺距离，这样有助于裁判员执裁和观众观赛。

三、赛场竞赛线路

山地自行车定向运动线路的标准应与竞赛级别和组别的要求一致，应检验运动员的定向技能和骑行能力。所有线路应尽量涵盖各种定向技术。竞赛线路通常按环形设计。山地自行车定向运动竞赛线路的距离只是一个相对准确的数字，因为它是按从起点经各检查点至终点的地图上最短水平距离累加计算的。竞赛线路的距离一般要根据运动员的水平和竞赛时间确定。

竞赛线路的质量标准，简而言之就是：具有可选择性，使运动员能够根据自己的能力对前进的方向和路径进行选择；具有可判读性，只有这样才能迫使运动员依赖识图用图的能力参加竞赛，体现出定向运动的特点。

在实地中，检查点间应设计适宜的距离，通常不能小于 50 米。如果受到地图比例尺或地形条件的限制，检查点间的距离可以适当调整。通常检查点的数量越多，竞赛的难度越大，需要的时间就越长；反之，竞赛的难度越小，需要的时间就越短。

路线千万条，安全第一条

线路设计员在设计线路时要充分考虑安全因素，确保运动员可选择的路线均无安全隐患，包括路况、车辆、行人和动物等。

教师应在学生参与山地自行车定向运动之前进行安全教育，并经常性地进行提示，以确保学生安全有序地开展山地自行车定向运动。

学生应提高安全意识，戴头盔，在定向的过程中选择安全的路线，有路不越野，遇到障碍提前绕。

第四节　山地自行车定向运动装备

山地自行车定向运动装备包括：运动员自备的指北针、头盔、山地自行车、骑行手套、地图架、工具、安全口哨、手表、骑行服和骑行鞋，以及竞赛委员会提供的号码布、地图、点标旗、电子指卡或检查卡片、电子打卡器或机械打卡器。

一、山地自行车定向运动装备种类

（一）指北针

指北针由运动员自备，主要用于标定地图和确定前进方向。指北针固定在运动员的手臂或地图架上。在简单的线路中，运动员可能不需要指北针，但在高级线路中，指北针很重要。

（二）头盔

一个坚固的头盔是运动员必需的装备。

（三）山地自行车

运动员应使用可靠的山地自行车。出于安全考虑，组织者在竞赛开始前会检查山地自行车的状况（如：刹车）。

（四）骑行手套

高质量的骑行手套有助于防止在刹车时脱把打滑，增加安全性，且有助于在转弯前刹车。

（五）地图架

地图架有助于运动员在高速骑行的过程中查看地图而无须停车。

（六）工具和备件

运动员可以携带工具和备件，但不能寻求帮助进行维修。

（七）安全口哨

一个响亮的安全口哨作为一种安全装置，用于运动员在需要帮助时的呼叫援助。运动员应选择可以全天候使用的安全口哨。

（八）手表

遵守定向过程的时间非常重要，这样可以确保在竞赛"关门时间"之前回到终点。

（九）骑行服和骑行鞋

强烈建议身着结实的定向长袖运动衣、长裤和骑行鞋参加竞赛，以保护手臂、腿部免受灌木丛的伤害。

骑行服由特殊材料制成,具有良好的排汗性、透气性、保暖性、防刮性及良好的视觉效果,便于路人避让。

骑行鞋鞋底有很深的防滑花纹,有助于骑行安全。

(十) 号码布

竞赛委员会应为每名运动员提供两张号码布。号码布的尺寸不应大于 25 厘米×25 厘米,数字高度不应低于 10 厘米,号码应清晰可见。运动员应将号码布分别佩戴在胸前和后背的显著位置。

(十一) 地图

地图是山地自行车定向运动最重要的装备,它的质量好坏直接影响到运动员的竞赛成绩并关系到竞赛是否公正,因此,国际定向运动联合会专门为国际间的山地自行车定向运动竞赛制定了《国际山地自行车定向运动地图规范》(International Specification for Mountain Bike Orienteering Maps, ISMTBOM)。

(十二) 点标旗

每个检查点应用点标旗标示。点标旗由三个按三角形排列的正方形组成,每个正方形的大小为 30 厘米×30 厘米,并沿其对角线分为左上部的白色和右下部的橙色(PMS 165)。点标旗应悬挂在地图上标明的与检查点说明一致的地物的某一位置,当运动员看到检查点说明描述的位置时,能看到点标旗。点标旗应悬挂在上缘距地面不大于 1 米、下缘距地面不小于 0.4 米的高度。

(十三) 电子指卡或检查卡片

电子指卡或检查卡片主要用于判定运动员的成绩。检查卡片用厚纸片制成,分为主卡和副卡两部分。主卡由运动员在竞赛中携带,并按顺序将每个检查点的打卡图案印在空格中,到达终点时交给裁判员验证。副卡在出发前交给工作人员留底和公布成绩时使用。检查卡片的尺寸一般为 21 厘米×10 厘米。竞赛地图上应提供备用手工检

查卡片,备用手工检查卡片应带有三个清晰的打卡位置,每个打卡位置的边长不应小于 18 毫米。

(十四) 电子打卡器或机械打卡器

打卡器是与检查点配合而起作用的,它给运动员提供一个到达位置的凭据。通常,电子打卡器和机械打卡器一起使用。

运动员在打卡时要确认是否接收到反馈信号。如打卡太快而没有接收到反馈信号,检查卡片内不会留下打卡记录,即使打卡器中记录了检查卡片编号,成绩也无效。如打卡器没有响应,应使用备用打卡器。如打卡记录无法辨认,则成绩无效。如丢失检查卡片、漏打或错打检查点,则成绩无效。

二、电子打卡系统的使用方法和竞赛打卡程序

(一)电子打卡系统的使用方法

运动员在竞赛前将电子指卡戴在手指上(通常戴在非持图手的手指上),打卡时将指卡靠近电子打卡器的打卡区,此时打卡器的蜂鸣器会发出"嘀嘀"两声连续的鸣响,同时打卡器的指示灯会闪烁,表示打卡成功。

(二)电子打卡系统的竞赛打卡程序

运动员在竞赛前先使用清除打卡器清除指卡中的信息;竞赛开始后,打卡"起点"打卡器(竞赛开始计时);然后拿地图出发,按规定顺序到访并打卡各个检查点(如 31 号打卡器、32 号打卡器和 33 号打卡器等);之后打卡"终点"打卡器(竞赛终止计时);最后打卡"主站"打卡器(存储电子指卡中的所有竞赛数据,连接计算机输出竞赛数据,连接打印机打印成绩条)。

如何防晒

在参与山地自行车定向运动时,防晒是必不可少的。

参与山地自行车定向运动要注意规避紫外线强的时段,中午时分紫外线最强。

大多数运动员都会选择涂抹防晒霜。防晒效果的决定因素是 SPF(Sun Protection Factor, 防晒指数)和 PFA(Protection Factor of UVA, 紫外线 A 防护指标)。SPF 是皮肤抵挡紫外线的时间倍数。PFA 值越高,表示防护时间越长。

当皮肤敏感或不想涂抹防晒霜时,可以尝试以下防晒方式:

太阳伞:选择密织且不透光的材质,最好有防晒涂层。

遮阳帽:选择帽檐宽大,可以防护四周,透气但不透光的帽子。

防晒衣:根据 UPF(Ultraviolet Protection Factor, 紫外线防护系数)值进行选择,只有当衣服的 UPF 值大于 40,并且 UVA(长波紫外线)的透过率小于 5% 时,才能称之为防紫外线产品。防紫外线产品应该在标签上标注以下内容:国家标准的编号,即 GB/T 18830—2009;UPF 值(40+,或者 50+)。

运动眼镜:选择具有防 UVA 和 UVB(中波紫外线)功能的运动眼镜,镜片以深色为宜,但不应影响视觉。

 **本章思考题**

1.谈谈你对山地自行车定向运动安全的认识。
2.谈谈你曾经探索过的未知区域。

第四章

山地自行车定向运动基本知识

章前导言

　　山地自行车定向运动是借助地图和指北针导航骑行的一项运动。可想而知,地图和指北针在山地自行车定向运动学习中具有重要地位。识图和熟练使用指北针是山地自行车定向运动员必须掌握的技能,这样他们才能在"探索未知区域"之后"寻找回来的路"。

学习目标

　　识别地图,能理解地图语言。
　　熟练使用指北针,能做到"图针结合"定向。

第一节　山地自行车定向运动地图

　　尽管在任何一张地图上都可以定向,但为了体现山地自行车定向运动的特殊性和专业性,需要绘制专业的山地自行车定向运动地图。山地自行车定向运动地图比其他地图更加精确、详细,使运动员更容易对照地图上的符号与实际地形中的地物。

一、山地自行车定向运动地图上的信息

　　山地自行车定向运动地图是一种专门为山地自行车定向运动测制的精确、详细的地形图。

　　山地自行车定向运动地图由地图比例尺、磁北方向线、地图颜色、地貌符号、地物符号、地图图例、检查点符号(包括起点、终点)等七要素组成。

　　在使用地图前,一定要先将地图标定(只有一种标定方式是正确的)。

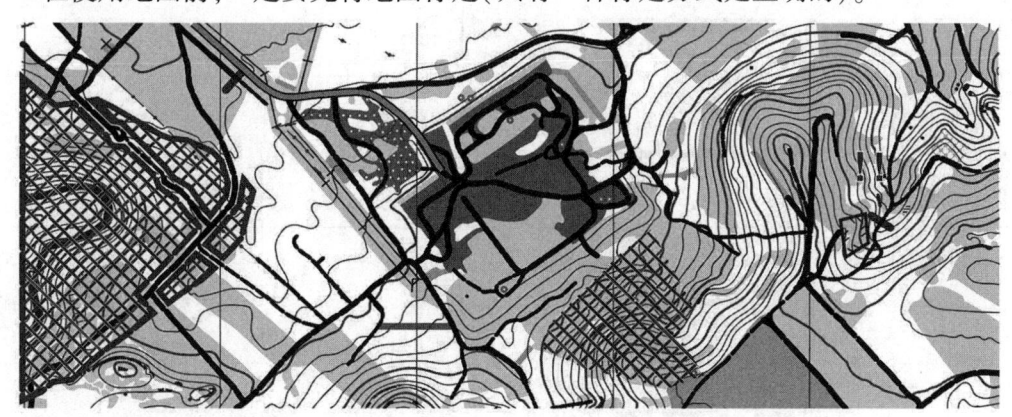

(一)地图上的线路

　　一条完整的定向运动线路要包括起点、终点和检查点。等边三角形表示起点;双圆圈表示终点;等边三角形外面套一个单圆圈表示地图交换后的继续点;单圆圈表示检查点,现地的精确位置在圆圈的中心。在起点之前有取图点,用横条表示。地图上实线表示线路,虚线表示必经路线。

Map issue point
Start
Control point
Control number
Marked route
Finish

　　地图上检查点圆圈的中心在实地用点标旗标示,运动员需要打卡与点标旗同一位置的电子打卡器,代表到访这一检查点。

(二)地图上的符号

　　根据山地自行车定向运动竞赛的特殊需要,国际定向运动联合会将山地自行车定向运动地图的符号分为:小径、小路和大路,其他允许骑行的地物,地貌,岩石地物,水系

和沼泽,植被,人工地物,技术符号,线路设计符号,可选符号等十类。地形是指地表的形态,包括地貌和地物。地貌是地球表面高低起伏的自然形态,如山地、山谷等。地物是指分布在地球表面上自然形成或人工建造的各种有形物,如森林、建筑物等。地物在地图上是用统一的符号结合注记表示的,这些规定的图形符号叫地物符号。不同的地物符号表示不同的地物。

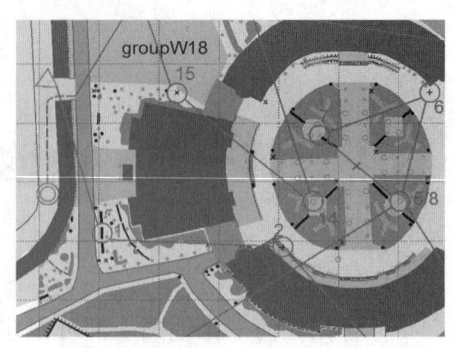

1.小径、小路和大路(Paths, Tracks and Roads)

除非有特别标示,例如禁入区或禁行路线符号,否则一律允许在小径、小路和大路上骑行。

序号	地图符号	文字说明
1	min. 0.3 0.18 50%	大路(铺装路)
2	0.6	小路:快速骑行
3	0.4	小径:快速骑行
4	0.5 3 0.6	小路:中速骑行
5	0.5 3 0.4	小径:中速骑行
6	0.4 1.5 0.6	小路:慢速骑行
7	0.4 1.5 0.4	小径:慢速骑行
8	0.3 0.8 0.6	小路:极慢速骑行

（续表）

序号	地图符号	文字说明
9	0.3　　　　　　　0.4 ■■ ■ ■ ■ ■ ■ 0.6	小径:极慢速骑行

2.其他允许骑行的地物（Other Features Where Riding is Permitted）

其他允许骑行的地物包括铺筑地、开阔地、林地和杂草地等,有助于运动员进行路线选择。

序号	地图符号	文字说明
1	0.18 50% min. ■	铺筑地
2	min. ■	开阔地,允许骑行
3	Ø 0.35 min. 0.9 45°	林地,允许骑行
4	Ø 0.25　min. 0.4 (CC) min.	杂草地,允许骑行
5	0.9	可骑行的狭窄地形或线形地形, 允许骑行:快速骑行
6	0.5　　　　　　0.9 3	可骑行的狭窄地形或线形地形, 允许骑行:中速骑行

（续表）

序号	地图符号	文字说明
7	0.4 0.9 1.5	可骑行的狭窄地形或线形地形， 允许骑行:慢速骑行
8	0.3 0.9 0.8	可骑行的狭窄地形或线形地形， 允许骑行:极慢速骑行
9	Ø0.2 min. 0.6 45°	开阔沙地
10	0.12 = min. 0.4 (IM) 0.12 = min. 0.4 (IM)	台阶

3.地貌(Landforms)，在地图上用棕色表示

地貌展示了地球表面的各种形态。棕色表示等高线、土崖、土墙、冲沟等。

序号	地图符号	文字说明
1	0.14 0.4 (OM) 0.14 0.25 (CC) min. 0.5 (CC) 0.6 (OM) 0.9 (OM) 0.7 (OM) 1.1 (OM)	等高线

（续表）

序号	地图符号	文字说明
2		计曲线（加粗等高线）
3		土崖、土坎
4		土墙
5		冲沟

4.岩石地物（Rock Features），在地图上用黑色表示

岩石地物是一种特殊的地貌类型。它们向运动员提供了危险、不可骑行或可骑行的有用信息，并且为读图和寻找检查点提供了重要的地物。黑色代表不可通过的陡崖。

序号	地图符号	文字说明
1		不可通过的陡崖

5.水系和沼泽(Water and Marshes),在地图上用蓝色表示

水系和沼泽包括开放水域和因水(沼泽)存在而形成的特殊植被,水体周围的蓝线表示该水体不可穿越。蓝色象征任何有水的地方,包括:湖泊、河流、溪流、沼泽等。

序号	地图符号	文字说明
1	min. width 0.3 (IM) 50% 100% 0.25	不可穿越的水体
2	0.3 min.	可穿越的河道
3	0.18 min.	可穿越的小河
4	0.18 1.25 0.25 min.	小水道、季节性水道
5	0.25 0.25 = 0.5 (CC)	不可穿越的沼泽
6	0.1 = 0.3 (CC) min. =	沼泽

6.植被(Vegetation),在地图上用白色、黄色或绿色表示

植被的表示对运动员很重要,因为它影响可骑行性和可视性,并且为读图提供了地物。白色表示容易通过的开阔森林;黄色表示开阔地;绿色表示森林和灌木丛。

序号	地图符号	文字说明
1	min. ▨ 100% or 75%	开阔地
2	Ø0.4 0.7 45° min.	稀疏树开阔地
3	min. ▨ 50%	杂草开阔地
4	Ø0.5 0.8 (CC) 45° min.	杂草开阔地,伴有稀疏树
5	min. ▫	森林
6	30% min. min 0.8	森林:降低骑行性和能见度

7.人工地物(Man-made features),在地图上用黑色或用于显示范围的浅棕色、橄榄绿色等表示

一些对运动员骑行构成障碍的人工地物,必须在地图上容易识别。重要的障碍物包括:围栏、墙、建筑物和禁区。其他人工地物对于读图和寻找检查点都很重要。黑色和用于显示范围的浅棕色表示铺筑地和公路。黑色和白色表示铁路。黑色表示电线、索道、缆索、主干输电线、桥梁、涵洞、不可通过的墙、不可通过的围栏或栏杆、穿越点、禁入区、建筑物、天篷、支柱、高塔、小塔、饲料架、不可穿越的管状地物等。黄绿色(黑色边线)表示禁入区,如民宅、私家花园或草坪等。浅灰色表示可穿越的建筑。

序号	地图符号	文字说明
1		铁路
2		电线、索道、缆索(横条表示电杆位置)、主干输电线(横条表示线塔位置)
3		主干输电线(横条表示线塔位置)
4		桥梁、涵洞
5		不可通过的墙

（续表）

序号	地图符号	文字说明
6		不可通过的围栏或栏杆
7		穿越点
8		禁入区
9		建筑物
10		天篷
11		支柱
12		高塔

（续表）

序号	地图符号	文字说明
13	1.2 (OM)　1.2 (OM)　0.18	小塔
14	1.2 (OM)　1.2 (OM)　0.18	饲料架
15	0.17　0.72(CC)　0.6(OM)　0.35　45°　3(CC)　min.	不可穿越的管状地物

8.技术符号（Technical Symbols）

技术符号是地图的重要内容,在地图上用黑色或蓝色表示。

磁北线,又称 MN 线,是地图上指向磁北的线,平行于纸张侧面。如果地面上磁北线间距为 300 米,则在比例尺为 1∶15000 的地图上,磁北线间距应为 20 毫米;在比例尺为 1∶10000 的地图上,磁北线间距应为 30 毫米。

在地图上的特定区域,应断开磁北线,以提高地图的易读性。在可能存在模糊小地物的地方或在水系很少的区域,可以使用蓝线。

序号	地图符号	文字说明
1	— 0.12	磁北线

9.线路设计符号（Course Planning Symbols）,在地图上用紫色表示

所有线路设计符号都应打印在地图上。

紫色表示取图点、必经路线、起点、检查点、检查点关注点、检查点序号和代码、终点、禁过线、禁入区、穿越点、急救站、供给站、禁行路线等。

序 号	地图符号	文字说明
1	7 0.6 1-31 2.5 0.6	取图点(横条位置表示取图点)
2	2 2.5 0.6 min.	必经路线
3	7 0.6	起点(等边三角形)
4	1-31 Ø6 0.6	检查点
5	1-31 Ø 0.6 Ø 0.6 0.6	检查点关注点
6	4 8-46	检查点序号和代码

（续表）

序号	地图符号	文字说明
7	0.5　Ø 5　Ø 7	终点
8	1　min.	禁过线
9	3　0.6　1.2 (CC)　0.6　0.2　45°	禁入区
10	0.6 (IM)　3　min.　0.6	穿越点
11	3　1	急救站
12	3　3　0.35	供给站
13	3　3　0.6	禁行路线

（续表）

序号	地图符号	文字说明
14		穿越小径、小路或大路的障碍物
15		禁止穿越
16		危险赛段
17		单向骑行

10.可选符号（Optional Symbols）

可选符号一般不应使用，但在某些情况下可以使用，例如：

（1）当允许越野骑行时，可能需要额外的符号来进行越野骑行的导航；

（2）在地物很少的区域，额外的符号可能有助于导航；

（3）当需要提高安全性时，额外的符号有助于运动员选择更加安全的路线。

序号	地图符号	文字说明
1		台阶或铺筑地边界
2		小路尽头
3		小冲沟

（续表）

序号	地图符号	文字说明
4	0.75 (OM)	小丘
5	∅0.5 max. 2 (CC)	石块
6	min. 0.3	巨石或岩柱
7	max. 0.6 (CC) ∅0.2 min.	碎石地
8	35% min.	裸岩地
9	1.1 (OM) 1.1 (OM) 0.18	特殊水体地物
10	0.12 0.84 (CC) min.	植被:降低骑行性,能见度好
11	min. 0.4	不可穿越植被

（续表）

序号	地图符号	文字说明
12	Ø0.45　0.8 (CC) min.	果园
13	0.6 1.3 0.2　0.85 (CC) min.	葡萄园
14	1.1 (OM) 0.18 0.9 (OM)	突出的大树
15	0.2 (OM) 0.75 (OM)	突出的灌木丛或小树
16	1.1 (OM) 0.18 0.9 (OM)	特殊的植被地物
17	1.12 (OM) 0.21 3(CC)　Ø0.75 min.	可通过的墙
18	3(CC) 0.21 0.6 (OM)　0.17　60° min.	可通过的围栏或栏杆

（续表）

序号	地图符号	文字说明
19	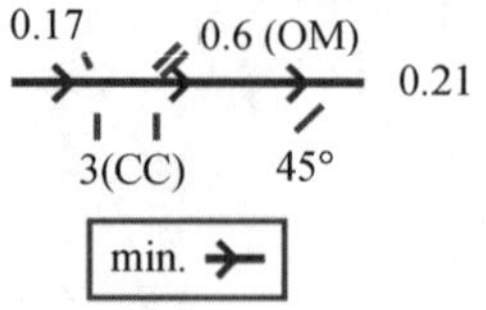 0.17　　0.6 (OM) 　　　　　　0.21 3(CC)　　45° min.	可通过的管状地物
20	 O　1.1 (OM)　　0.18	特殊的环状人工地物
21	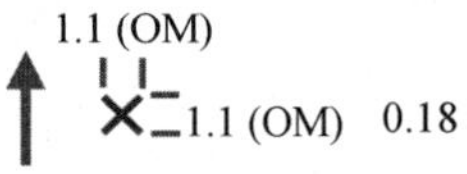 1.1 (OM) ×　1.1 (OM)　0.18	特殊的 X 状人工地物
22	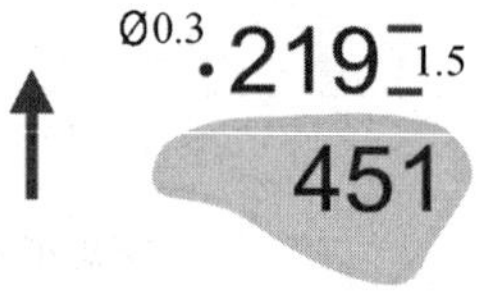 Ø0.3　·219　1.5 451	高程注记点

（三）地图上的等高线和等高距

1.等高线

在地图上,把陆地表面海拔相等地各点连接成的线,叫等高线。等高线是指地形高度的差异,它表明哪里有山、哪里有坑谷及地形的陡缓。地貌是地表各种形态的总称,地貌的形态在地图上主要是用等高线显示的,其原理是:把一个山地模型从底到顶按相等的高度,一层一层地水平切开,在山的表面便出现一条条大小不等的截口线,然后把这些线垂直投影到平面图纸上,便出现一圈套一圈的曲线图形。通过等高线的分布情况,就可以判定地表的形态,可以明确地知道哪里地势高,哪里地势低。

等高线具有如下特点:

（1）同线等高,并各自封闭。

（2）同幅地图,等高线多,山就高;等高线少,山就低。

（3）同幅地图,等高线间隔小,实地坡度大;反之,实地坡度小。

（4）等高线的弯曲形状与相应实地的地貌形态相似。

在很多公园图中,等高线较少,但也有很多公园图中等高线较多,且高度各异。因此,读懂等高线很重要,因为它在很大程度上影响路线的选择。

2.等高距

相邻两条等高线间的实地垂直距离叫等高距（每两条等高线之间的距离在地图上

用等高距表示)。对于同一地形,等高距越大,等高线就越稀,地貌显示就越简略;等高距越小,等高线就越密,地貌显示就越详细。等高距通常为 2~5 米,不同地图,等高距不同。在同一张地图中,等高线越紧密,坡越陡;等高线越稀疏,坡越缓。

(1)首曲线,又称基本等高线。它是按规定的等高距由平均海水面起算而测绘的实线,用 0.14 毫米粗的棕色实线表示。

(2)计曲线,又称加粗等高线。它是为了便于计算高差,从平均海水面起,每隔四条基本等高线描绘一条的粗实线,用 0.25 毫米粗的棕色实线表示。

(3)间曲线,又称半距等高线。它是按约 1/2 的等高距测绘的细长虚线,可以提供更多的有关地表形态的信息,用 0.1 毫米粗的棕色虚线表示。

(4)助曲线,又称辅助等高线。它是按约 1/4 的等高距测绘的细短虚线,用以显示间曲线仍不能显示的局部地貌,用 0.1 毫米粗的棕色虚线表示。

示坡线是顺着下坡方向绘制并与等高线垂直相交的小短线。它通常绘在等高线最有特征的弯曲上,如山顶、鞍部或凹地底部,以及在读图困难、有必要表明下坡方向的地方。

运动员可以通过等高线判定地貌特征。学会判定地貌的结构,也就学会了综合、完整地了解一定区域内地貌的相互关系和位置的方法。地貌结构的判定不仅有利于确定站立点,而且还可以帮助运动员在快速运动中保持清醒的方位意识,以便对整个竞赛中的体能、技能的发挥做出合理安排。

判定地貌的结构,首先应利用图中明显的标高点、河流、谷地等,概略判明区域的总体升降方向并弄清楚地貌的起伏、分布规律;然后将主要注意力放在弄清楚地貌的结构线、特征线和特征点(即山脊线、坡度变换线、山顶、鞍部等)的平面位置,以及高度、坡度的比较上。为了便于判定地貌,在时间、条件允许时,可以运用粗细不等的实线、虚线、圆圈、"×"等,在图上分别标出大小等级不同的山脊(山背)、山谷、山顶和鞍部,借此建立地貌结构的基本概念,并由此做出对它们可能给运动带来的影响的清醒估计。

二、比例尺

比例尺是指地图上某线段长度与相应实地水平距离之比。

比例尺为 1∶1000 是指陆地的实际长度在地图上被缩小了 1000 倍。比例尺为 1∶1000 说明地图上的 1 厘米等于实际地形上的 1000 厘米(10 米)。

大多数森林定向图的比例尺为 1∶10000(表示地图上的 1 厘米代表实际地形上的 100 米);大多数公园定向图的比例尺为 1∶5000/4000(地图上的 1 厘米代表实际地形上的 50 米/40 米)。

表示森林、海洋、湖泊以及线形地物的长度等地图符号,称为依比例尺符号,也就是说其面积或长度是完全依照比例尺表示的。表示长度大而宽度小的狭长地物(如铁路、公路、河流、堤坝、管道等),但不能显示地物宽度的地图符号称为半依比例尺符号,运动员能对这种符号精确地定位和度量长度。不依比例尺符号则是指不依地图比例尺表示的地图符号,例如石块、井、泉、塔等独立地物符号,运动员能对这种符号较精确地定位,但不能判明其形状和大小。

如何科学地记忆地图上的符号

赫尔曼·艾宾豪斯（Hermann Ebbinghaus，1850—1909），德国心理学家。艾宾豪斯一生致力于有关记忆的实验心理学研究，他的主要贡献在于证明了实验研究能够回答有关记忆的一些有趣的问题。他在1885年出版的杰出著作《记忆：对实验心理学的贡献》一书中，提出了著名的"艾宾豪斯遗忘曲线"。

艾宾豪斯对遗忘现象做了系统的研究，用无意义音节作为记忆的材料，认为"保持和遗忘是时间的函数"。他把在初始学习后的不同间隔时期重学一个无意义音节表的节省量的实验数据绘制成一条曲线，称为艾宾豪斯遗忘曲线。艾宾豪斯遗忘曲线表明了遗忘发展的规律：遗忘进程是不均衡的，在识记的最初遗忘很快，以后逐渐缓慢，到了相当的时间，几乎就不再遗忘了，也就是遗忘的发展规律是"先快后慢"。

遗忘的进程不仅受时间因素的制约，也受其他因素的制约。最先遗忘的是没有重要意义、不感兴趣、不需要的材料。不熟悉的比熟悉的遗忘得要快。人们对无意义音节的遗忘快于对散文的遗忘，而对散文的遗忘又快于对有韵律的诗的遗忘。

在学习过程中，对一种材料达到一次完全正确地背诵后仍然继续学习，叫作过度学习。适当的过度学习可以使对材料的记忆保持得更好。研究结果表明，适当限度的过度学习比刚能背诵的效果好，但如果超过这个限度，其保持效果不再增加。

第二节　山地自行车定向运动指北针

早在战国时期（公元前475年—公元前221年），人们就已经发现磁石具有指示南北的特性，并用天然磁石制造出了世界上第一个指南针——"司南之杓"。

在山地自行车定向运动中，运动员拿到地图后，首要的任务就是标定地图，而指北针则是读图首要的辅助工具。指北针的红色指针永远指向北，可以帮助运动员标定地图、确定站立点、按图行进和辨别方向。运动员可以将指北针边缘的蓝色箭头作为前进的方向，以便在定向前进过程中随时标定地图。

一、借助指北针给地图定向

在寻找检查点的过程中,运动员需要给地图定向。在没有显著的特征地物参照时,就需要借助指北针。

(1)将地图与指北针放置在水平状态。

(2)旋转地图直到地图上的磁北线(或红色指北箭头)与指北针指北的红色指针平行,此时,地图即为正确定向。

二、借助指北针确定目标方向

(1)将指北针放置在目标航段 A—B 旁边。

(2)通过旋转地图,使地图的红北箭头和指北针的红色指针所指方向一致。

(3)此时,目标航段 A—B 所指方向即为前进方向。

(4)当指北针不放置在地图上时,可通过记住刚才确定的目标点方向来保持正确的方向。

在竞赛中,由于高压力的影响,运动员在确定目标方向时很可能会出现失误。为了避免这样的失误,在寻找检查点的过程中,需要正确地给地图定向,注意使地图的红北箭头和指北针的红色指针所指方向一致,而不是使地图的红北箭头和指北针的红色指针的相反方向一致。

运动员需要不断检查指北针所指方向。当绕行灌木丛、山丘、沼泽或浓密的植被时,必须重新使用指北针给地图定向。运动员在寻点的过程中,应使用指北针不断地检视前进方向。

三、使用指北针的注意事项

(1)使用前需要检查指针是否灵敏,尤其是红针是否指北。

(2)使用时需要注意规避影响磁针指向的钢铁类物体和各种电器。

(3)使用时需要注意磁力异常区域的影响,如铁矿区。

四、电子指北针

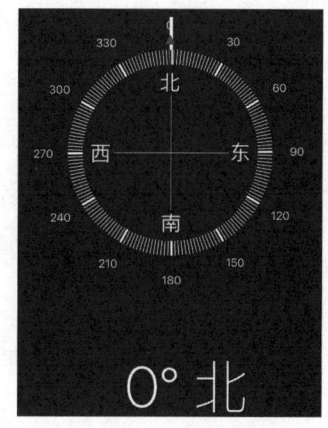

打开智能手机自带的"指北针"软件,将智能手机平置于体前,使指北针的红色指针对准待测方向,指北针指示的度数即为当前的方位角,北方为 0°,东方为 90°,南方为 180°,西方为 270°。

电子指北针(电子罗盘)是重要的导航工具,它结合了多种消除误差技术和抗干扰技术,具有精确度高、灵敏度高、稳定性强等特点,在车、船和飞机等交通工具上均有配备,如今很多智能手机也都具有这一功能。

智能手机上的电子指北针普遍采用基于"霍尔效应"原理的磁传感器来定向。在电流和磁场一定时,"霍尔效应"的强弱与导体在磁场中的方位有关,导体与磁场的夹角越大,"霍尔效应"就越强。磁传感器正是利用这一物理原理设计的,可以帮助运动员确定方向。

手机导航功能受限于网络信号,在没有网络信号的地方不能使用导航功能,而电子指北针可以正常使用。电子指北针是手机导航定位的重要补充。

五、借助太阳定向

运动员可根据太阳的东升西落辨别方向,也可根据地物的影子朝向辨别方向:在北半球中高纬度地区,冬半年太阳从东南方向升起,在西南方向落下,太阳位于南部天空,地物的影子总是朝向北方(包括西北方、正北方和东北方),正午时地物的影子朝向正北;夏半年太阳从东北方向升起,在西北方向落下,一天中绝大多数时间太阳位于南部天空,地物的影子多朝向北方,正午时地物的影子朝向正北。

六、借助手表定向

在北半球,时针指向太阳,在时针与十二点刻度之间的平分线方向就是南方。

如何借助北极星辨别方向

在天气晴朗的夜间,如果想确定自己的位置,可以先寻找北极星。北极星,又称北辰、紫微星,是最靠近北天极的恒星。北极星位于正北天空,其高度角相当于当地纬度。

我们可以通过北斗七星来寻找北极星:找到北斗七星"斗口"的两颗亮星——天枢和天璇,用假想的线把它们连起来,将连线向天枢方向("斗口"方向)延长约其5倍距离,就能找到北极星。

本章思考题

1.谈谈如何进行图地对照。
2.谈谈如何借助指北针定向。

第五章

山地自行车定向运动基本技术和基本技能

章前导言

　　通过对本章的学习,学生可以熟练地掌握山地自行车定向的方法,夯实基本技术。在此基础上,掌握野外山地自行车定向的基本技能。

 学习目标

　　掌握山地自行车定向运动基本技术,并能运用到定向实践中。

　　掌握山地自行车定向运动基本技能,并能合理进行路线选择。

第一节　山地自行车定向运动基本技术

工欲善其事,必先利其器。在学习山地自行车定向运动的过程中,我们需要熟练地掌握地图与指北针的使用方法。学习山地自行车定向运动基本知识有助于我们更好地运用基本技术,初学者可以先在熟悉的场地进行学习和训练,在水平提升之后再到未知区域进行学习和训练。下面介绍山地自行车定向运动五步定向法。

一、标定地图

标定地图是为了使地图的方位与现地的方位相一致。

(一)概略标定

平置地图,通过旋转地图,借助直长地物(如建筑物、道路、输电线等),让地图与地形特征相匹配。

可选择地面上大而有明显特征的地物作为标定地图的参照物。

在山地自行车定向运动竞赛前,可以先用指北针确定北的方向;在竞赛开始之后,直接通过旋转地图来概略标定。

(二)借助指北针精确标定

将指北针平置于地图上,通过旋转地图,使地图磁北线(黑色或蓝色)与指北针红色指针的方向一致,并使地图红北箭头与指北针红色指针的方向一致。

二、确定站立点

标定地图后,需要确定自己在实地中站立的位置所对应的地图上位置,即找到地图上的"我的位置"。

我们可以借助周围具有明显特征的地物来确定站立点。在图地对照的过程中,正确理解地图上的符号尤为关键。在竞赛开始时,可以借助起点点标旗的位置与地图上等边三角形(起点)的位置确定站立点。

具有明显特征的地物主要有:湖泊、高山、线形地貌的转弯处、线形地貌的交叉点(十字路口)、线形地貌的交会点(丁字路口)等。

三、按图行进

按图行进是在快速行进中定向的先决条件。其主要借助地图,通过图地对照来选择路线和寻找检查点。按图行进是更智慧的寻找检查点的方式。读图过少,可能会骑错方向;读图过多,又会浪费时间。因此,适宜的读图次数和时间很重要。同时,安全定向的方法也很重要。下面介绍安全定向的方法。

(一)线形地貌

在按图行进的过程中通常有多条路线可供选择,直线距离并不总是最佳选择。我们可以将出发点到目标点的路线分为若干段,然后沿线形地貌选择路线。沿着道路、围墙、围栏、输电线等线形地貌较易行进。

(二)简化视图

在按图行进的过程中,可以忽略出发点与目标点之间的无关信息,将复杂的地图简化为只有关键信息的地图,这样有助于减少读图时间和选择最佳路线,并且不容易迷路。

(三)偏向瞄准

在从出发点直线寻找目标点可能会错过时,可以先骑行至经过目标点的线形地貌的左侧,然后沿线形地貌向右侧寻找目标点;或者先骑行至经过目标点的线形地貌的右侧,然后沿线形地貌向左侧寻找目标点。

(四)设定袭击点

袭击点是指那些容易找到、离目标点最近的明显地物。在按图行进的过程中,可以先设定袭击点并快速找到袭击点,然后再寻找目标点。这是一种安全的定向方法,有助于我们进一步缩小目标点的范围。

四、寻找坐标点

寻找坐标点要做到"人在实地骑,心在图上移"。正如我们手持导航设备,当我们在实地移动时,导航设备中的"我的位置"也随之移动。在寻找目标点的过程中,我们的坐标点是移动的,在探索未知区域时就很容易丢失坐标点。首先要确定出发点的坐标点,然后再确定目标点的坐标点。在从出发点向目标点行进的过程中,我们的坐标点是不断变化的,因此需要多次寻找坐标点,以避免在寻找目标点的过程中迷失方向。

(一)记忆辅行法

标定地图之后,牢记站立点。在向目标点行进的过程中,通过不断记忆坐标点和旋转地图来确保坐标点和目标点的精确性,即"人在实地骑,心在图上移"。

(二)回头法

当我们失去坐标点时,就需要使用回头法。此时应停止行进,往回骑行到最近的熟悉区域,重新标定地图和确定站立点,然后再向目标点进发。

有时虽然已经失去坐标点了,但确信目标点就在前方,也可以选择继续向前寻找目标点。找到目标点之后,再进行图地对照,也就找回了坐标点。

五、寻找目标点

在标定地图、确定站立点、按图行进和寻找坐标点做好之后,我们就需要寻找目标点了。在实地寻找的目标点所在的精确位置,即地图上表示检查点的单圆圈的圆心位置。我们可以根据地图上的检查点说明书获取检查点的详细信息。

在从出发点到目标点的寻点过程中,我们可以采取"慢快慢"的策略。前一个"慢"是指从出发点出发时,需要有足够的读图时间,标定地图和确定站立点,确定行进方向和最佳路线。"快"是指以最快的速度按图行进,借助特殊地形逐步靠近目标点,可以采用线形地貌、简化视图、偏向瞄准和设定袭击点等安全定向的方法行进。后一个"慢"是指靠近目标点时,要减速以寻找目标点所在的精确位置,进行图地对照和坐标点的寻找。

我们的导航策略是什么?

美国宾夕法尼亚大学神经学家拉塞尔·爱泼斯坦说:"导航(从一个地方到另一个地方)的一个有趣方面是解决问题的方法不止一个。"

通过现实世界和虚拟导航实验,研究人员发现,我们的导航策略大体上分为两种。

第一种是在大脑内逐渐创建一张空间图。当你探索某地区时,你会思考街道是如何连接在一起的,不同地点之间的最佳行进路线以及自己当前的位置等。最终,这张图会让你在该地区任意两点之间穿行,即便你以前从未走过这条路线。

第二种涉及一系列路标和步骤,例如:在加油站右拐,在下一个停车标志处左拐,办公室就在左边。这种策略快捷可靠,但不太灵活——它无法帮助你从办公室前往一个全新的目的地,即使就在附近。当你在开车上班途中突然发现自己对以前看到过的东西没有任何印象时,这种导航策略便会派上用场。

这两种导航策略听起来区别不大,我们可根据具体情况来选择使用。但虚拟导航实验——通常是当人们在虚拟环境中导航时对大脑进行扫描——证明,这两种导航策略植根于不同的神经系统。

空间图策略涉及大脑中一处被称作海马体前叶的区域。海马体前叶通常被用于对有关经历的新记忆(被称作情节记忆)进行编码。科学家最早是通过对老鼠的实验发现这一区域的,后来的实验证明人脑也有这一区域。

另外,加拿大麦基尔大学的韦罗妮克·博博发现,第二种以方向为基础的策略依靠的是另一个被称作尾状核的区域的活动,这一区域与新习惯的养成有关。她说:"这是因为你其实并不是在了解环境,而是在遵循一系列步骤。"

第二节　山地自行车定向运动基本技能

山地自行车定向运动不仅挑战体能,更挑战智能,因为在借助指北针明确方向后,运动员在快速骑行的同时,还需进行图地对照,并迅速做出路线选择,找到检查点。

山地自行车定向运动是一项体能与智能并重的运动,单纯的体能或智能都不足以在这项运动上取得佳绩。山地自行车定向运动体能与智能的深度融合有助于运动员基本技能的提升。

一、山地自行车定向运动路线选择

路线千万条,安全第一条。在选择路线时,最佳路线是节省时间、安全性高、节省体能的路线。遇到可通行区域时可以直接穿越;遇到难穿越区域时可以选择道路;遇到障碍区域时可以提前绕行。

运动员较强的综合能力、果断的抉择、坚强的意志品质等素养有助于快速选择最佳路线。勇于拼搏、积极进取、永不言弃的精神也是运动员选择路线的决定因素。

选择最佳路线可以参考以下原则:

(一)有路不越野

在寻找检查点的过程中,应尽量选择沿道路行进,因为在道路上更容易确定站立点,并且道路有利于提高骑行速度,同时避免受伤。然而,在某些特殊情况下,越野可能是更好的选择,这就需要运动员根据具体情况进行选择。

(二)走高不走低

在寻找检查点的过程中,如果必须越野,应尽量选择在高处行进。因为高处视野好,安全性高,有助于确定站立点、保持行进方向和寻找检查点。

(三)遇到障碍提前绕

在寻找检查点的过程中,读图时应把出发点到目标点的通路规划好,从整体上把握地图,尤其要注意通往目标点路线的障碍物(如陡崖、墙、围栏、湖泊、沼泽、禁区等),做到提前绕行,以节省时间和体能,同时也有助于保持良好的心态。

二、山地自行车定向运动体能分配

随着山地自行车定向运动竞赛经验的积累,我们会考虑科学地进行体能分配,以提升竞技表现。高速骑行会影响我们读图,并且漏掉检查点。慢速骑行有助于我们更好地读图,但会浪费竞赛时间。这时就需要我们权衡读图时间和骑速,进行合理的分配。

在寻找检查点的过程中,在安全定向的情况下可以加速骑行,在需要更加仔细地读图和导航的情况下可以适当减速骑行,甚至在标定地图和确定行进方向时可以停下来。也可以理解为,在概略定向时可以向目标点加速骑行,在精确定向时可以在靠近目标点时减速寻找,以此来掌握定向骑行的节奏。

何时选择道路,何时选择越野,也是体能分配要考虑的问题。在道路上,我们可以高速行进,而在草地、森林和丘陵地带应适当降低骑速。在不同的地形上,骑速是不一样的。

三、山地自行车定向运动迷途知返

山地自行车定向时经常会有小的错误。无论是初学者还是顶级山地自行车定向运动员,都可能遇到路线选择错误或坐标点错误的情况。区别就在于,初学者的错误校正时间较长,而顶级山地自行车定向运动员会在极短时间内实现错误校正。

如果我们在竞赛中因失误而丢失站立点,不要慌张,可以通过重新定位进行校正。首先要第一时间停止前进,然后借助指北针给地图定向,进行图地对照,可以尝试定位地形中的独特地物,如山丘、陡崖、巨石、道路交叉点、特殊地物等易于识别的独特地物。找回站立点之后就可以继续竞赛了。

认识常见错误及其发生原因,有助于避免其发生或将其影响降至最低,在训练和竞赛之后应及时分析和总结。常见错误及其预防措施如下:

(一)缘木求鱼

在竞赛开始后,如果为了节省时间而没有用足够的时间标定地图和读图,直接向自己误以为正确的目标点前行,就很容易出现缘木求鱼的情况。初学者容易犯此错误。

预防措施是读图时先标定地图和确定站立点,然后按图行进,寻找坐标点和目标点,并按部就班地寻找检查点,不要急于求成。

(二)张冠李戴

当我们将检查点附近与其地形相似的地形误以为是检查点所在地形时,就很容易出现张冠李戴的情况。这时需仔细阅读地图来确定检查点是相似地物中的哪一个。

预防措施是利用检查点附近显著地物来区分相似地物。在寻找检查点的过程中,首先映入眼帘的相似地物,很可能不是你要找的检查点。

(三)过犹不及

当我们骑过检查点或骑出地图时,就很容易出现过犹不及的情况。如果站立点也丢失了,就很可能会迷路。这主要是骑速过快和图地对照过少所致。

预防措施是通过合理降低骑速和增加读图时间,权衡好高速概略定向和低速精确定向的关系。只有在安全定向的前提下才可以考虑以最快的速度行进。不需要单纯地追求速度,适宜的图地对照是有必要的。在寻找地图边界附近的检查点时,特别注意不要骑出地图区域。

(四)南辕北辙

当我们在竞赛区域相似地形间连续折返寻找检查点时,很容易出现将地图南北倒置而南辕北辙的情况。然而,当我们正常寻找下一个检查点时,可能尚未意识到正朝着与目标点相反的方向前进。

预防措施是在标定地图、确定站立点和按图行进时应严谨细致,不要过于草率。同时,也要避免被周围运动员的前进方向干扰。

求救

运动员可以携带支持北斗卫星导航系统或全球定位系统(Global Positioning System,GPS)的设备(手表、山地自行车车载电脑等),前提是它们不用于通信或导航。

为确保安全,组织者会要求运动员戴追踪设备(北斗卫星导航系统或全球定位系统)。因此,运动员应正确戴好追踪设备,同时检查设备电量是否充足。

生命安全与身心健康是运动员的基本需求和永恒追求。如果运动员在野外迷失方向,并且经过努力仍然难以找到自己的站立点,可以考虑按下追踪设备的红色SOS求救键。如果遇上高温或极寒天气,运动员迷失方向,同时伴有身心状态不佳,应马上按下追踪设备的红色SOS求救键。组织委员会将根据求救者所戴的追踪设备显示的位置进行救援。

 ## 本章思考题

1.学完本章,你都掌握了哪些山地自行车定向运动基本技术和基本技能?

2.山地自行车定向运动容易出现哪些常见错误?该如何预防?

第六章

山地自行车骑行技术和维护保养

章前导言

通过对本章的学习,学生可以熟练地掌握山地自行车骑行技术,夯实基本技能。在此基础上,掌握山地自行车维护保养方法。

学习目标

掌握山地自行车骑行技术,并能运用到山地自行车定向运动中。

掌握山地自行车维护保养方法,并能科学地进行维护保养。

第一节　山地自行车骑行技术

山地自行车骑行技术是山地自行车定向运动的重要保障,有助于保障运动员快速寻找检查点和顺利完赛。娴熟的山地自行车骑行技术也有助于运动员取得好成绩。下面简要介绍山地自行车骑行基本技术。

一、调整地图架位置

将地图架安装到车把上,拧紧固定螺丝。运动员先坐到车座上,然后根据读图视角来调节地图架的角度。熟练掌握在静止和运动中单手旋转地图架的技术:根据个人习惯,当左手握车把时,用右手顺时针或逆时针旋转地图架以标定地图;当右手握车把时,用左手顺时针或逆时针旋转地图架以标定地图。

二、调整车座位置

将车座固定在合适的位置有助于运动员在上下坡的过程中时刻保持正确的身体位置。在竞赛开始前,可以根据赛前技术信息进行车座位置的调整,可能需要多次尝试才能找到最适合的车座位置。

(一)爬坡

爬坡时需要调整车座位置以达到最高踩踏效率。在踩踏到最低点时,膝关节应该稍微弯曲一些,保持在80%~90%伸直的状态,这有助于更高效、更强力地发挥大腿主肌群的力量。

(二)下坡

当来到下坡时,可以将车座管从爬坡位置下调5~8厘米。更低的车座位置有助于降低重心,以获得更好的操控感和更强的自信。

三、掌控身体位置

山地自行车最重要的骑行要领是对身体位置的掌控。山地自行车在行进中会碾过石块、盘根、车辙、沙土和泥浆等。变化无常的地形和潜在的障碍物虽然也是山地自行车定向运动的乐趣,但对运动员来说并不友好。学会让身体保持在正确的位置上有助于应对各种棘手的路况,顺利到访检查点。

下面介绍两种身体位置:平衡姿势和进攻姿势。

（一）平衡姿势

在非技术路段，可以采用平衡姿势骑行。平衡姿势有助于更高效、更舒适地前进，同时有助于迅速切换为进攻姿势以迎接技术路段。平衡姿势的要点包括：

（1）头部位置中正；

（2）踏板左右重心平衡；

（3）轻屈膝关节和手肘；

（4）食指100%保持在刹车待命状态（圈刹通常需要两根手指保持在待命状态）；

（5）眼睛目视前方4~6米处——注视你想去的方向，而不是不想去的方向。

（二）进攻姿势

当地形变得更加陡峭或者乱石林立时，运动员应将身体位置从平衡姿势转换为进攻姿势。进攻姿势有助于运动员在身体和精神上都做好迎接技术路段的准备。进攻姿势的要点包括：

（1）头部位置中正；

（2）踏板左右重心平衡；

（3）深屈膝关节和手肘（手肘90°弯折）；

（4）屁股离开坐垫，并向后靠；

（5）背部保持平直，并且几乎保持与地面平行；

（6）食指100%保持在刹车待命状态（圈刹通常需要两根手指保持在待命状态）；

（7）眼睛目视前方4~6米处——注视你想去的方向，而不是不想去的方向。

四、选择骑行路线

选择好的骑行路线，才能保持高速前进。运动员需要将目光锁定在骑行路线上，避免被其他路面信息干扰。

在高速骑行过程中，需要关注零散的石块、沙土、水坑、盘根、木桩，其他车手、裁判员、徒步者，以及小动物等。

选择骑行路线时应该注意：用双眼扫视骑行路线前方4~6米的障碍物，然后将目光注视到前轮轮胎。这样远近交替观察有助于捕获大量路面信息。提前预知障碍物有助于更快地调整身体平衡来选择更合适的路线。

五、刹车

在寻找检查点的过程中，运动员有时为追求时间和名次而不愿意减速慢行。然而，在危险路段通过扳下刹车给车减速是有必要的，有助于避免受伤和安全完赛。刹车技巧包括如何刹车和何时刹车。

（一）如何刹车

刹车动作应该是持续可控的。大多数刹车力都应该来自前轮，但一下刹住前轮会导致翻车，所以应轻触前后刹车。同时，要避免突然短促的大力刹车，防止翻车。

刹车时，应将臀部后移来做好准备，踩住脚踏并且保持膝关节和手肘微微弯曲。这样的姿势有助于运动员在向后转移重心的同时保持对山地自行车的控制，但同时也应注意避免身体过度后移。

如果山地自行车配备的是碟刹,应让每只手的食指保持在刹把上,并用余下四根手指来操控车把。这有助于在持续操控山地自行车的同时保持对刹车的快速响应。如果山地自行车配备的是圈刹,应尝试让每只手的两根手指保持在刹把上,因为总体来说圈刹会比碟刹更费力。

(二) 何时刹车

当接近弯道时,应在入弯前刹车,然后利用剩余的动能和惯性过弯。这有助于运动员在过弯道时专注于操控技巧,并且出弯时山地自行车能带着一定的速度。

惯性有时在跨越障碍物时也会助力。对于初学者来说,在迎接障碍物时通常会提前减速。可控的惯性有助于轻松克服有难度的山地路段。

六、高效踩踏

高效踩踏可以为山地自行车创造强劲动力。在踩踏周期中均匀施加踩踏力量,有助于获得最佳输出功率,形成完美的踩踏周期。

(一) 骑行姿势

双手放松地握住车把,保持髋关节和脊柱呈一条直线。

(二) 坐姿踩踏

坐姿踩踏时,尽量延长踩踏的动力行程并加大踩踏力量。

(三) 站姿踩踏

站姿踩踏时,需要挺直躯干并保持身体平衡,保持髋部和脊柱稳定,将自身的重量施加在脚上。

七、骑过弯道

骑过弯道包括四个步骤:准备过弯、入弯、过弯和出弯。

(一) 准备过弯

过弯前扫视弯道路况,选择合适的路线,在直线骑行时进行弯前减速。

(二) 入弯

目视前进方向,双手放开刹把,向弯道内倾斜车身,流畅过弯。

(三) 过弯

过弯时须按预定路线骑行并保持山地自行车的抓地力,可以选择放开刹把。如果入弯速度过快,可以利用后刹减速。

(四) 出弯

出弯后,如果面对的是直道,可以等车身转正后再开始踩踏;如果面对的又是弯道,可以向上收力并侧倾车身。

八、换挡

由于在山地自行车行进的过程中时常一会儿上坡一会儿下坡,所以最好掌握如何

恰当地换挡。合理的换挡不仅能够减小整车磨损(特别是链条、牙盘和飞轮等传动系统组件),还有助于运动员更高效地上下坡。

(一)频繁换挡

初学者应当多练习如何提高换挡频率。这有助于建立起肌肉记忆,从而有助于在骑行中不需要过多地思考挡位合理性来进行加减挡。

(二)提早换挡

别等到开始爬坡了再换挡,记得要在来到陡坡前就进行换挡。这样能保持稳定的踩踏频率,从而最高化骑行效率;同时,也能防止在给传动系统施力时进行不合理的换挡操作而使链条脱落甚至断裂。

如果在选择合适挡位时遇到了瓶颈,则宁可在低速挡快速蹬,也不要在高速挡用力蹬。

此外,还要防止链条错位。这经常发生在链条挂载到小牙盘盘片和小飞轮盘片或者大牙盘盘片和大飞轮盘片上。这在双盘(2×)或三盘(3×)系统中经常出现。链条错位可能会导致山地自行车掉链子;也可能会导致链条过度拉伸,大幅缩短使用寿命。

要记住在换挡时应保持踩踏,否则会损伤甚至直接绷断链条。

九、骑上山坡

骑上山坡并不是单纯地靠力量完成,熟练的技术动作有助于快速而省力地完成上坡骑行。骑上山坡需注意以下技术环节:

(1)眼不离路;

(2)双脚保持平衡,髋关节发力,脚重手轻;

(3)用手臂控制车身的角度,使之与地形契合;

(4)尽可能地站高,这有助于发挥出身体的全部力量。

十、骑下山坡

在骑下山坡时,保持适宜的速度尤为重要,这样可以避免摔车。骑下山坡需注意以下技术环节:

(1)眼不离路;

(2)双脚保持平衡;

(3)用手臂控制车身的角度,使之与地形契合;

(4)用双腿减小高度变化并吸收冲击。

十一、压抬

在压抬时,扫视前方的起伏地形,调整车身的角度,使之与地形契合。用双腿调整身体的高度和车身的压力,在上下坡骑行时,保持头部水平。上坡时屈腿,下坡时伸腿。压抬有助于骑得更快、更省力。压抬包括以下步骤:

(一)双臂

双脚保持平衡,调整车身的角度,使之与地形契合。

当山地自行车通过波峰时,双臂将车把向前推,远离身体。

当山地自行车通过波谷时,双臂将车把向后拉,靠近身体。

(二) 双腿

当手臂控制角度、双脚保持平衡时,双腿负责控制身体高度和车子压力,提供主要的压抬力量。

(三) 双臂和双腿

通过身体的核心肌群,将手臂和腿部动作联合起来,构成完整的运动生物链,有助于提升踩踏力量和提高骑行速度。

在坡底,双腿下压,同时双手向后拉。

在坡顶,双腿拉起,同时手臂向前推。

十二、摔车

头盔、手套和护目镜是必备的装备,有助于更好地保护自己。运动员在骑山地自行车时,难免会摔车。摔车的情况主要有:

(一) 前空翻摔车

从车把上向前摔出去是受伤的主要原因。摔车的原因是运动员的重心超过了前轮的触地支撑位置。

运动员需要保持脚重手轻,将自身的重量施加在脚踏上,这样可以有效避免前空翻摔车;同时,也需要经常练习有效刹车的骑行技术和保持平衡的骑行姿势。

(二) 撞上障碍物

高速骑行时,撞上石头、木头或其他障碍物,易造成山地自行车失去控制而摔车。

控制好车速,有助于选择好的骑行路线,从而绕过障碍物。

当摔车时,运动员应努力将胳膊收起来,因为本能反应是用手掌来迎接冲击,但这会很容易摔断手腕或锁骨。

在摔车时,大部分的影响是心理上的。摔车后,运动员首先需要自我诊断,确保没有受伤;然后检查山地自行车的车况。车座或车把有可能跑偏,链条也有可能脱落,应及时调校。随身佩戴的指北针和电子指卡也需要加以确认。

同时,在重新骑行之前,也要检查刹车和变速。在骑行过程中,运动员往往需要在路边调整车况和身体状态,所以随身携带多功能工具包或者小型急救包来解决山地自行车和运动员自身的问题是明智之举。

十三、推车和扛车

当在林道中骑行时,总会遇到一些难通过的路况。如果在林道中被困,很难靠车技脱困。这时候,可以考虑推车或扛车通过。

在山地自行车定向运动规则中,骑车、推车或扛车都符合要求。许多林道都有专门被设计成难以骑行通过而只能推车或扛车前进的路段。

林道礼仪

　　山地自行车定向运动员通常会跟其他人,比如徒步者或动物共享林道和路线。要牢记,做一个有礼貌、负责任的运动员,并且要控制好山地自行车,竞赛时只在那些地图上标绘的可通过的林道骑行。下面是几条很重要的规矩:

　　当下山骑行时,应靠右为上山骑行的运动员让路(在只容许一个运动员通过的小径中,最好停下车来将车移开路线)。

　　当接近徒步者或者动物时应减速,为其留足空间。在骑行路上遇到动物时需要保持冷静。

　　在训练赛中,可以和遇到的其他运动员热情地打个招呼。

第二节　山地自行车维护保养

　　山地自行车是山地自行车定向运动的必备工具之一,外出骑行之余一定要做好定期维护保养。山地自行车维护保养是非常重要的一项任务,可以帮助维持山地自行车良好的性能,延长其使用寿命,并且有助于提高骑行安全。

　　一般山地自行车的维护保养,可以分为以下几种:正常骑行维护保养;单次骑行维护保养;短期(一周或两周)定期维护保养;中期(一个月或两个月)定期维护保养;长期(半年或一年)定期维护保养。

一、正常骑行维护保养

　　正常骑行维护保养并不需要任何高难度的维修技术,运动员独自就能完成。在山地自行车维护保养中,最重要且最基本的一项是在骑行前对山地自行车的车况加以检查。因此在骑行前,需要做好以下检查:

　　检查地图架:检查地图架是否安装牢固。

　　检查车座高度:在骑行前将车座调至适宜高度。

　　检查各部位螺丝松紧:检查前后轮及车座杆的快拆是否已锁紧,车把手是否已固定好,其他螺丝是否有松脱情况。

　　检查轮胎:检查胎压是否合适,如果胎压不足,则用打气筒充气到适宜胎压,以确保骑行舒适和安全。检查胎壁是否有裂痕、割伤,胎纹是否已经过浅,必要时须更换外胎。

检查刹车系统：试拉前、后刹车，检查刹车是否可以完全将车刹停。

检查前叉碗组：刹住前刹车，将车身前后摇动，如果感到有晃动的间隙，表示前叉碗组须重新调整。

检查变速器：起步后先试着分别改变前变速与后变速，检查是否可以顺畅地变到各挡速，是否有异响。

检查存放情况：存放山地自行车时，应选择干燥通风的地方，同时罩上防尘罩，以防止灰尘和湿气对车造成损害。

二、单次骑行维护保养

单次骑行维护保养主要是在骑行前对山地自行车的车况加以检查，以确保可以安全骑行。需要做好以下检查：

检查地图架：检查地图架是否安装牢固。

检查车把：检查车把是否稳固，转向是否灵活。

检查车座高度：如果骑的不是专属于自己的山地自行车，应在骑行前将车座调至适宜高度。

检查轮胎：检查胎压是否合适，如果胎压不足，则用打气筒充气到适宜胎压，以满足骑行需要。

检查刹车系统：试拉前、后刹车，检查刹车是否可以完全将车刹停。

三、短期定期维护保养

短期定期维护保养是经常进行的，如果平时正常使用山地自行车，在此阶段的维护保养是易于操作的。短期定期维护保养能够使山地自行车保持良好的状态。

(一)洗车

洗车是最基本的山地自行车维护保养。除了让山地自行车保持新车时的外观外，洗车也同时可以避免车架的锈蚀。如果在大雨或泥泞中骑车，在骑完之后应尽快进行清洗工作。洗车时要注意以下几点：如果车身上的污泥不多，或多是灰尘，可以使用抹布擦干净，或使用软毛刷刷干净。

不要使用高压水柱来清除车身上的污泥，因为这样做虽然很有效率，但可能会使污水进入轴承中，造成轴承的损坏。如果车身上有污泥，应使用软毛刷和肥皂水将污泥洗净，并用清水冲洗干净，再用布擦干。清洗好车身后，应检查烤漆是否有剥落。钢质车架在烤漆剥落后会开始被锈蚀，铝合金、碳纤维以及钛合金车架则不会被锈蚀，只会影响美观。

在用水洗车后，要及时擦干链条，并重新给链条加油。

(二)检查刹车系统

如果是圈刹，清除刹车皮上的杂物，以保证其刹车力。如果刹车皮已经严重磨损，须更换新的刹车皮，以确保骑行安全。同时，检查圈刹夹器的工作情况。

如果是碟刹，检查碟刹盘，清除碟刹盘上的杂物。同时，检查机械碟刹或油压碟刹系统的工作情况。

（三）给刹车线管重新加油

如果刹车或变速的动作不顺畅,可能是刹车线管与刹车线的摩擦过大,可以取下刹车线管,将刹车线涂上润滑油,再重新装回。如果这样操作后动作仍然不顺畅,则考虑更换刹车线管。

（四）给链条加油

链条是山地自行车的核心部件之一,需要长期保持良好的润滑状态,以减少磨损和摩擦。应及时给链条加注润滑油,以改善链条的工作条件。给链条滴上润滑油,等待约10分钟,再将链条外侧多余的润滑油擦干净。同时,也须避免加注过量润滑油而导致吸附灰尘和杂质。

四、中期定期维护保养

中期定期维护保养也很重要,对短期定期维护保养较常忽略的部位加以检查和维护,以帮助山地自行车保持良好的车况。

（一）检查链条

链条在长期使用后会发生拉长的情况,链条的节距为 0.5 英寸,测量 24 节链条,长度应为 12 英寸,若其长度已经超过正常长度 1/8 英寸,则应更换链条。

如果链条内部有许多油泥,则应清洗。清洗链条可以使用洗链器,或者将链条拆下,放入装满溶剂油的容器,摇晃洗净链条,取出晾干,然后将链条装回山地自行车后再加油。

（二）检查飞轮和牙盘

飞轮是山地自行车的核心部件之一,在换新链条后,如果飞轮有跳齿的情况,则应更换飞轮。

牙盘也属于山地自行车的核心部件。应定期检查牙盘的固定螺丝,若松动,则须重新拧紧。如果牙盘上的齿磨损很大,产生卡链的情况,则应更换牙盘。

（三）检查轮圈

检查气嘴孔及钢丝孔附近是否有细微的裂痕,若有裂痕,则应更换轮圈。将车轮抬起,旋转车轮,观察轮圈是否会摩擦到刹车皮,如果已经摩擦到刹车皮,则须重新调整轮圈。

（四）检查钢丝辐条

检查前后轮的钢丝辐条是否有断裂的情况,若有,则应换新。更换钢丝辐条后须重调轮圈。调整轮圈时,观察轮圈偏摆的方向,如向右偏,则将轮圈附近的右侧钢丝辐条放松,左侧锁紧;如向左偏,则反之。轮圈的左右偏摆幅度应小于 2 毫米。

（五）检查车把

检查车把是否在摔车后发生变形,是否在立管锁紧的部位产生裂痕,如果有裂痕,则应更换车把。

（六）检查车座及车座杆

取下车座杆,检查是否有变形或裂痕,若没有变形,则可以涂上一层薄黄油后装回。检查车座是否有损伤,底下的支架是否完好,如果有问题,则加以更换。

五、长期定期维护保养

长期定期维护保养是非常有必要的,对那些一直在运转的部位进行检查,可以确保骑行安全。

(一)检查花鼓

取下前后轮,检查钢丝孔附近是否有裂痕,如有,则马上更换。用手转动花鼓轴检查,再加以上下摇晃,如感到有间隙,或非常松动,则将花鼓轴分解,将内部的黄油清理干净,再重新装入新的黄油;然后将花鼓轴重新组合,调整轴承至可顺畅转动,但不会有上下摇晃的间隙。

(二)检查中轴

取下链条,抓住曲柄左右摇晃,如果晃动,则拧紧固定螺丝;如果仍晃动,则须调整中轴。将耳朵贴在车座上,旋转曲柄,听到的声音应是很顺畅的"呼呼"声,如果听到"嘎啦嘎啦"或其他的异响,则表示轴承已经损坏,应更换中轴。

(三)检查脚踏

拆下脚踏,使用15毫米的开口扳手,注意左边的脚踏是左牙,拆时不要拆错,脚踏轴承不需要调整,但仍须加以检查。如果使用的是锁踏,则检查其机械系统是否正常,并加油润滑。

(四)检查变速器

检查变速器的各个机械部位是否会晃动,如果晃动,则表示变速器的磨损已相当严重,应该更换;如果不晃动,则在机械部位加油润滑。

(五)检查避震器

可参照用户手册和厂商建议来检查避震器。应定期拆卸油压避震前叉,更换新的避震油。关于避震器的维修,应咨询原购买厂商。

(六)检查车架

检查所有烤漆,如果车架锈蚀穿孔,应更换车架。如果车架受到冲击发生变形,也应更换车架。

(七)更换所有线管

所有的线管在经过长时间的使用后已经磨损,应加以更换,以维持其性能,确保骑行安全。

充气和胎压

轮胎是山地自行车和地面的唯一接触点。山地自行车轮胎的充气和胎压尤为重要。可以采用立式打气筒充气。外出训练或参赛时可以随身带一个打气筒。

正确的胎压可以平衡速度和摩擦力。运动员可以先从高胎压开始,然后逐渐给轮胎放气降低胎压,通过多次尝试,找到合适的胎压。

运动员的体重越大,需要的胎压就越高。但胎压也不是越高越好,因为降低胎压可提高轮胎的抓地力和山地自行车的操控性。所以,运动员应注意在日常骑行训练中,找到合适的胎压。

本章思考题

1.学完本章,你掌握了哪些山地自行车定向运动骑行技术?

2.山地自行车容易出现哪些问题?该如何维护?

第七章
山地自行车定向运动安全管理

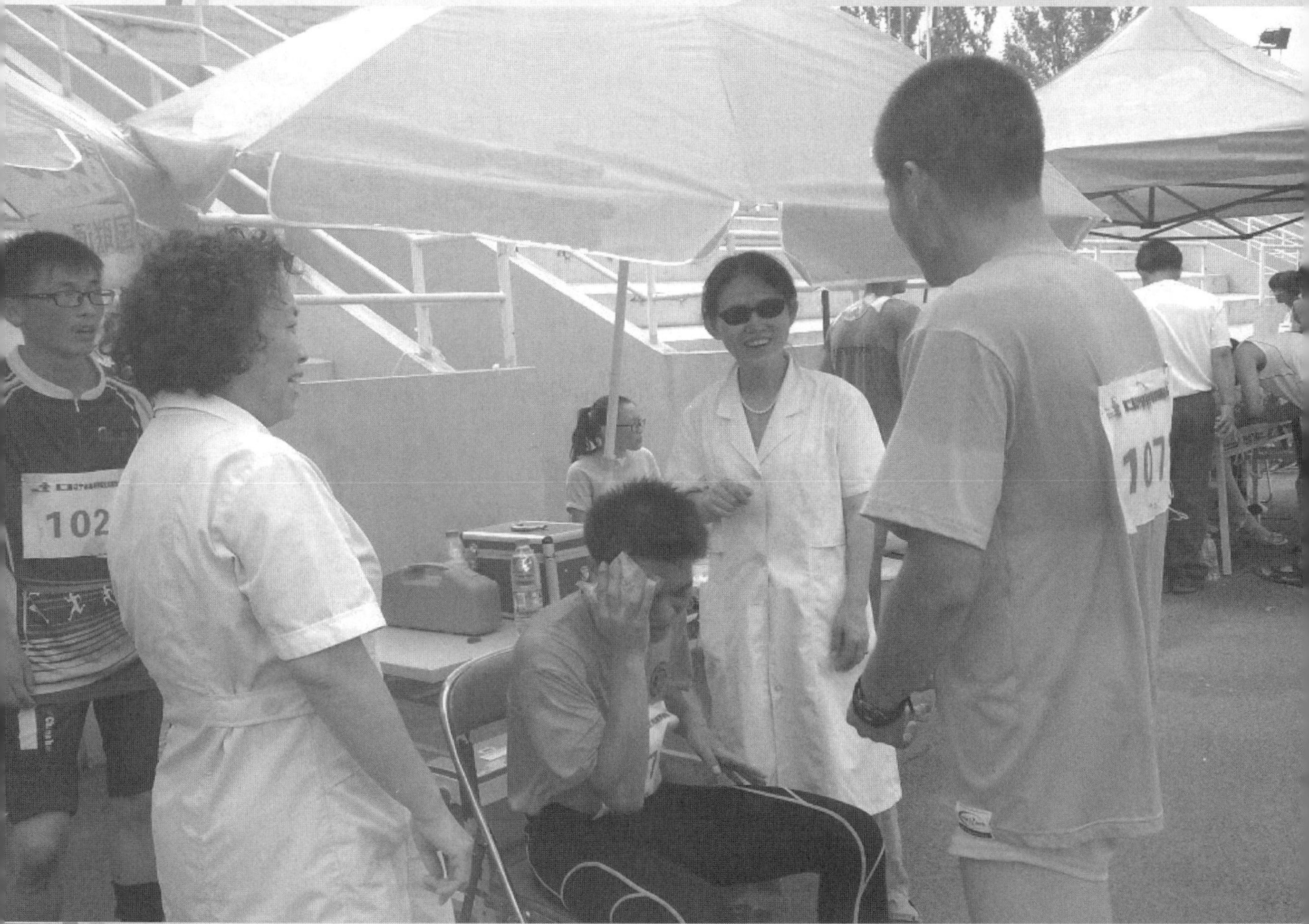

章前导言

　　运动有风险,但我们不能因此而不运动。运动员应树立安全第一的思想,做好安全管理,防患于未然。在出现安全问题时能正确处理尤为重要。做好对运动损伤预防措施的学习是山地自行车定向运动开始前不可或缺的一个环节。

学习目标

　　掌握山地自行车定向运动常见安全问题及其处理方法。
　　掌握山地自行车定向运动常见运动损伤预防措施。

第一节　山地自行车定向运动常见安全问题及其处理方法

一、中暑

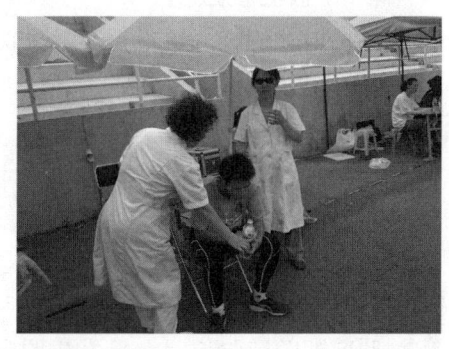

夏季在湿热无风的地区开展山地自行车定向运动时,由于运动员身体无法靠汗液蒸发来控制体温,有可能会发生中暑。中暑的主要症状包括:头痛;烦躁不安;脉搏强而有力;呼吸有杂音;体温可能上升至 40 摄氏度以上;皮肤干燥泛红;感到冷;皮肤湿潮;大量出汗;肌肉痉挛或疼痛;感到头晕眼花;虚弱无力;口干;恶心。如果不及时救治,中暑的人可能会很快失去意识,严重者可能导致意外的发生。因此,夏季时在运动前一定要准备好预防和治疗中暑的药物,如:十滴水、清凉油、人丹等。另外,还应该准备一些清凉饮料和太阳镜、遮阳帽等防暑装备。

如果运动员出现中暑虚脱的症状,应采取如下做法:让其停止运动,尽快将其移至阴凉通风处;松开其衣服并用冷水浸湿,再裹住其身体,并保持其衣服潮湿;让其喝些冷水或者运动饮料;不停地对其扇风并用冷毛巾擦拭其皮肤,直到其体温降到 38 摄氏度以下。若中暑者意识清醒,应让其以半坐姿休息,对头部与肩部给予支撑。若中暑者已失去意识,则应让其平躺。通过以上救治措施,如果中暑者的体温已经降下来,则改以干衣物覆盖,并让其充分休息;否则,重复以上措施,并尽快将其送至医院救治。

二、热中风

相较于中暑,热中风更为严重,患者可能有生命危险,应将其送往医院紧急救治。热中风的主要症状包括:失去知觉;精神状态发生变化;头晕;身体发红,发热,无汗;体温超过 38 摄氏度;脉搏加快。如果发现有运动员出现这些症状,应采取以下做法:迅速拨打 120 急救电话;将患者移至凉爽的环境,或者阴凉处;松开或者脱掉其衣服;用温水使其皮肤湿润,然后用风扇通风降低其皮肤表面温度;在其腋窝、腹股沟和脖子处放置冰袋降温。

三、擦伤

擦伤即皮肤的表皮擦伤。如擦伤部位较浅,只需用双氧水(过氧化氢)消毒即可;如擦伤创面较脏或有渗血,应先使用生理盐水清创,再使用双氧水消毒。

四、肌肉拉伤

肌肉拉伤是肌纤维撕裂导致的损伤。其主要由运动过度或热身不足造成,可根据疼痛程度判断受伤的轻重。一旦出现痛感,应立即停止运动,并在痛点敷上冰块或冷毛巾,保持 30 分钟,以使小血管收缩,减少局部充血、水肿。切忌搓揉及热敷。

五、扭伤

扭伤是指由于关节部位突然过猛扭转,损伤了附在关节外面的韧带及肌腱。其多发生在踝关节、膝关节、腕关节及腰部。对于不同部位的扭伤,治疗方法也不同。

(一)急性腰扭伤

可让患者仰卧在垫得较厚的木床上,在腰下垫一个枕头,先冷敷,后热敷。

(二)关节扭伤

踝关节、膝关节、腕关节扭伤时,将扭伤部位垫高,先冷敷 2～3 天,再热敷。如扭伤部位肿胀、皮肤青紫和疼痛,可先将半斤陈醋加热,再用毛巾蘸敷伤处,每天 2～3 次,每次 10 分钟。

六、脱臼

脱臼即关节脱位。一旦发生脱臼,应嘱咐伤者不要活动,更不可揉搓脱臼部位。如脱臼部位在肩部,可先将患者肘部弯成直角;再用三角巾将前臂和肘部托起,挂在颈上;然后用一条固定带缠过头部,在对侧打结。如脱臼部位在髋部,应立即让伤者躺在软卧上,将其送往医院。

七、骨折

常见骨折分为两种:一种是皮肤不破,没有伤口,断骨不与外界相通,称为闭合性骨折;另一种是骨头的尖端穿过皮肤,有伤口与外界相通,称为开放性骨折。对开放性骨折,不可用手回纳,以免引起骨髓炎,应用消毒纱布对伤口做初步包扎、止血,再用平木板固定,然后送至医院处理。骨折后肢体不稳定,容易移动,会加重损伤和剧烈疼痛,可找木板、塑料板等将肢体骨折部位的上下两个关节固定起来。如一时找不到外固定的材料,骨折在上肢者,可弯曲肘关节,并将其固定于躯干上;骨折在下肢者,可伸直腿足,并将其固定于对侧的肢体上。对于疑似脊柱骨折者,应让其平躺在门板或担架上,将躯干四周用衣服、被单等垫好,不能移动,不能抬其头部,否则会引起脊髓损伤甚至截瘫。昏迷者应俯卧,头转向一侧,以免呕吐时将呕吐物吸入肺内。对于疑似颈椎骨折者,应在其头颈两侧置一枕头或扶持其头颈部,避免发生晃动。

八、抽筋

抽筋发生的原因是:由于过度的运动或运动时姿势不佳,而引起肌肉协调不良;或因运动时或运动后受寒,体内的盐分大量流失,而致使肌肉突然产生非自主性的收缩。抽筋的症状有:患处疼痛;肌肉有紧张或抽搐的感觉;患者无法使收缩的肌肉放松。其的急救方法是拉引患处肌肉使患处打直,轻轻按摩患处肌肉,补充水分及盐分,休息至患处感觉舒适为止。

九、蛇咬

当参加户外活动，或休息，或经过蛇类栖息的草丛、石缝、枯木、竹林、溪畔或其他比较阴暗潮湿处时，不慎被蛇咬伤，不要吓得不知所措。首先应判断是否为毒蛇咬伤：若伤口上有两个较大和较深的牙痕，则为毒蛇咬伤；若无牙痕，且在20分钟内没有局部疼痛、肿胀、麻木和无力等症状，则为无毒蛇咬伤，只需要对伤口清洗、止血、包扎，有条件时送往医院打破伤风针即可。

当被毒蛇咬伤时，如是出血性蛇毒，主要症状包括：伤口灼痛、局部肿胀并扩散；伤口周围有紫斑、瘀斑，起水泡，有浆状血由伤口渗出；皮肤或者皮下组织坏死；发烧、恶心、呕吐、七窍出血；有血痰、血尿；血压降低；瞳孔缩小；抽筋等。被咬后6~48小时内可能导致伤者死亡。如是神经性蛇毒，主要症状包括：伤口疼痛、局部肿胀；嗜睡；运动失调；眼睑下垂、瞳孔散大；身体局部无力；吞咽麻痹；口吃、流口水；恶心、呕吐；昏迷；呼吸困难，甚至呼吸衰竭。伤者可能在8~72小时内死亡。

一般而言，被毒蛇咬伤10~20分钟后，其症状才会逐渐出现。被咬伤后，争取时间是最重要的。首先需要找一根布带或长鞋带在伤口靠近心脏上端5~10厘米处扎紧，缓解毒素扩散。但为防止肢体坏死，每隔10分钟左右，放松2~3分钟。应用冷水反复冲洗伤口表面的蛇毒。然后以牙痕为中心，用消过毒的小刀将伤口的皮肤切成十字形。再用两手用力挤压，或在伤口上覆盖4~5层纱布，用嘴隔着纱布用力吸吮（口内不能有伤口），尽量将伤口内的毒液吸出。

十、蜂蜇

要注意远离草丛和灌木丛，因为那里往往是蜂类的家园。发现蜂巢应绕行，一定不要做出过于"亲近"的表现。最好穿戴浅色光滑的衣物，因为蜂类的视觉系统对深色物体在浅色背景下的移动非常敏感。如果有人误惹了蜂群，而招致攻击，唯一的办法是用衣物保护好自己的头颈，反向逃跑或原地趴下。千万不要试图反击，否则只会招致更多的攻击。如果不幸被蜂蜇，可用针或镊子挑出蜂刺，但不要挤压，以免剩余的毒素进入体内。然后用氨水、苏打水甚至尿液涂抹被蜇伤处，中和毒性。可用冷水浸透毛巾敷在伤处，以减轻肿痛。

十一、昆虫叮咬

为了防止昆虫叮咬，在野外应穿长袖衣服和长裤，扎紧袖口、领口，对皮肤暴露部位涂搽防蚊药。避免在潮湿的树荫和草地上坐卧。宿营时，可烧点儿艾叶、青蒿、柏树叶、野菊花等驱赶昆虫。被昆虫叮咬后，可用氨水、肥皂水、盐水、小苏打水、氧化锌软膏涂抹患处止痒消毒。

十二、失温

失温是指人体热量流失大于热量供给，从而造成人体核心区温度降低，并出现一系列如寒战、迷茫、心肺功能衰竭等症状，甚至最终造成死亡的病症。一般来说，如果人体的核心区温度低于35摄氏度，就属于医学上的失温，即低体温。

预防失温措施包括：注意内衣的选择；注意衣物的增减；注意保暖防护；及时补充体能。

出现失温应及时进行复温治疗，包括主动复温和被动复温。主动复温是用热辐射仪、鼓风机、温水浴等方式。被动复温是脱掉患者自身湿冷衣物，用温热毛毯包裹，避免体温进一步降低，并将其转移至温暖环境。

运动员饮食紊乱

在山地自行车定向运动竞赛中，运动员需要目标明确，意志坚定，奋力拼搏，并赢得胜利。但这些品质可能使运动员容易患有饮食紊乱（Disordered Eating, DE）。

饮食紊乱发生在从理想的营养和饮食模式到以进食障碍为特征的高度失调的营养和饮食模式的一段过程。

饮食紊乱对运动员的身体健康和运动表现都会带来损害。饮食紊乱会提高运动损伤和疾病的发生率。

运动员饮食紊乱的预防：不强调体重和身体成分；养成健康的饮食习惯；进行积极的心理治疗；树立自信的身体形象；建立科学的预防方案。

第二节　山地自行车定向运动常见运动损伤预防措施

一、运动前的热身与运动后的放松

身体就像一部机器，运转前需要预热，停止运动后需要散热及保养，若忽略了这些，很容易出问题。

（一）热身

（1）运动前充分做好头部的前后左右各个方向的低头、抬头、转头动作，可以防止颈部肌肉拉伤或扭伤。

（2）肩部附近的肌肉、韧带做充分的伸展和牵引，可以提高肩关节的灵活性及周围肌肉、韧带的弹性，对预防肩部的损伤能起到积极的作用。

（3）腰部是发力的枢纽，也是疲劳容易堆积的

地方，运动前可进行各种腰部运动，从而提高动作稳定性。

（4）拉伸大、小腿，在腿部肌肉能承受的范围内做动作且用力柔和。

(二)放松

运动后进行放松整理活动可使心血管系统、呼吸系统的活动继续保持在一个较高的水平上,有利于偿还运动时所欠的"氧债",也可避免由于局部循环障碍而影响新陈代谢过程。

另外,还可用手敲打肩、臂、腰、大腿、小腿部的肌肉。运动后进行温水浴、桑拿浴、按摩、理疗等形式的放松是更理想的做法。

二、劳逸结合

正常的休息对保证运动员的良好身体素质、技术水平的发挥和饱满的精力具有巨大的作用。

经常的短休息比长休息更有效率。长休息(三星期或更多)可能具有破坏性,因为长休息会使运动员失去节奏。练得越勤快,就应休息得越充分。

要学着去解读身体的恢复情况。注意过度训练的征兆,如疲劳、意志低落、生气、郁闷、状态不佳等。

三、如何防止膝关节疼痛

山地自行车定向运动容易造成膝关节损伤,因为山地自行车定向运动的打卡动作需要急停和再起动。在骑行中过度伸展或过度弯曲膝关节,都可能造成膝关节损伤。

预防膝关节损伤的第一步是将车座调整到适宜的位置。在踩踏到最低点时,膝关节应该稍微弯曲一些,保持在80%~90%伸直的状态。在踩踏时,应始终保持膝关节上下移动,避免向内侧或外侧移动。

最好的防治方法是打卡技术的改善。具体方法是运动员要预先做好打卡准备,不要被迫突然停止,再起动。也就是打卡要从容不迫,如行云流水。

对于膝部受伤,建议先不要做手术,可以尝试着做膝部的复健。如有下列状况,则应就医:膝关节无法承受重量;休息三天后疼痛仍无法减轻;疼痛蔓延到膝关节下面腿肚的肌肉上;发烧。

四、如何防止脚踝伤害

对运动员而言,脚踝也很容易受伤。如果脚踝扭伤了,而且胀得像气球一样,运动员一定要请医生为自己照 X 光并确定脚踝有无骨裂。如果不管它,一次拉伤就可能使运动员的脚踝长久处于不稳定的状态。最常被建议的扭伤治疗方法就是休息、冰敷、包扎、抬高患部。

预防措施如下:

首先,在运动之前要检查鞋子,最好穿专业运动鞋。具有支撑功能的鞋子可以增进前脚的柔软性以及侧面的稳定性,并把脚踝扭伤的概率降到最低。

其次,穿上束带或贴上胶布可以防止脚踝向内翻,尤其那些以前受伤过的运动员更应该这样防护。

运动导致的肌肉损伤

运动导致的肌肉损伤(Exercise-Induced Muscle Damage,EIMD)(又称骨骼肌超微结构变化)是由于从事不习惯的运动而导致的骨骼肌结构损伤性变化。其一般出现在运动后 24~48 小时,持续时间为 10~15 天。

一般在运动后 4~6 天,受损肌纤维的收缩蛋白成分开始再生;10 天以后,肌肉结构基本恢复正常。

 ## 本章思考题

1.谈谈山地自行车定向运动常见安全问题及其处理方法。

2.你认为在进行山地自行车定向运动前需要做好哪些准备活动?

第八章

山地自行车定向运动竞赛程序和赛事组织

章前导言

　　掌握山地自行车定向运动竞赛程序和赛事组织的相关知识有助于我们顺利参赛,提高竞赛水平。赛事组织是一项复杂的系统工程,需要加强设计和策划。

学习目标

　　掌握山地自行车定向运动竞赛程序的相关知识。

　　掌握山地自行车定向运动赛事组织的相关知识。

第一节　山地自行车定向运动竞赛程序

对于运动员而言,参加山地自行车定向运动可以亲近自然、沐浴阳光、享受乐趣,在运动的同时也锻炼了身体,活跃了文化生活,有助于保持身心健康。在具备了山地自行车定向运动的基本知识之后,不妨体验一下参加竞赛的快乐,在本章我们一起来了解山地自行车定向运动竞赛程序。

一、参赛报告

国家级、省级和市级官方竞赛通知会下达到学校体育部门。同时,互联网或其他媒体也会发布山地自行车定向运动竞赛信息。

我们应该关注以下四个问题:报名参加哪几个项目和组别;报名截止时间;组织委员会的补充通知;参赛食宿和交通。

二、赛前备战

在发出电子版报名表和寄出纸质版报名表之后,我们就可以开始进行赛前准备了。赛前准备工作主要包括以下方面:

（1）学习本次山地自行车定向运动赛事的竞赛规程;

（2）开始体能训练和技能训练;

（3）复习地图符号和竞赛规则等山地自行车定向运动理论知识;

（4）购置竞赛装备,包括:指北针、头盔、山地自行车、骑行手套、安全口哨、手表、山地自行车定向运动服和运动鞋、常用药品等;

（5）进行健康监测、体检;

（6）购买竞赛期间的阶段性人身保险,预定食宿(周围环境应清洁、卫生,能提供热水淋浴条件)和车票。

三、竞赛报到

我们应携带全部参赛必需品(包括身份证、保单、健康证明和安全及免责声明书等材料),在规定时间内到达竞赛集合地点。在集合地点报到后,我们将得到参赛证、号码布、电子指卡(检查卡片)、秩序册和赛事指南等物品。我们需核对号码布和电子指卡与秩序册上的信息是否一致。

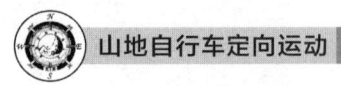

我们需要做的事情主要有：

(1)携带参赛证,按规定佩戴号码布;

(2)熟悉竞赛委员会对该项竞赛的特殊说明;

(3)将个人物品放置于指定区域;

(4)注意检录信息。

四、竞赛起点

运动员需要按竞赛委员会规定的时间到达竞赛场地起点附近的指定集结区域,根据出发批次时间做热身活动。由起点裁判员引导进入隔离区后,可以继续做热身活动。进入隔离区后,未经起点裁判长批准,不得擅自离开。注意不得携带通信设备进入隔离区,也不得携带涉及竞赛场地的地图进入隔离区。按起点裁判员的引导,使用清除打卡器清除指卡中的信息之后进入出发区,在出发区做好出发准备。

五、竞赛区域

个人赛采用间隔出发的方式,各组的运动员每隔一分钟或若干分钟出发一个批次。间隔出发是指运动员按相等的时间间隔逐一出发。在间隔出发定向赛中,运动员出发顺序应在赛事监督和总裁判长的监督下,通过随机抽签决定。

竞赛开始后先打卡起点,计时开始后才能从地图箱中取得地图。确认取得正确的地图是运动员的责任。未出发的运动员和代表队人员不得提前看到地图、线路、前往第一个检查点的路线选择。我们需要借助地图和指北针,按规定的顺序独立地完成寻找若干个标绘在地图上的地面检查点,在检查点之间选择我们认为的最佳路线,全力以赴完成竞赛。

六、竞赛终点

我们打卡最后一个检查点之后,向终点骑行时,竞赛还没有结束,还需在体能和心理方面进行最后的比拼。我们要尽全力坚持到打卡终点检查点。打卡终点检查点之后,就可以放松下来了,因为此时电子指卡已经记录了我们的完赛时间。通过终点后上交竞赛地图,并在成绩统计处录入成绩,打印成绩单,可以看一下成绩单上的有效性和完赛时间等信息。接下来就可以补充水分和进行放松活动了。同时,可以关注即时成绩公告栏。

违反任何山地自行车定向运动规则或从中受益的运动员可能会受到制裁。可能适用的制裁措施包括:在集体出发赛制竞赛(集体出发定向赛和接力定向赛)中抢跑则罚时两分钟;取消资格;在规定期限内暂停竞赛(仅由纪律小组决定)。

对于违反山地自行车定向运动规则或组织者指示的行为,可以提出申诉。申诉只能由代表团官员或运动员提出。如有任何申诉,必须尽快以书面形式向组织者提出。申诉由组织者裁决,必须立即将裁决结果通知申诉人。如果组织者无法做出裁决,国际定向运动联合会赛事顾问必须代替他们做出裁决。申诉不收取任何费用。申诉的时限为完整裁决结果公布后的 15 分钟内。组织者可以设定不同的时限,必须在最终公告中公布。在此时限之后收到的申诉只有在存在必须在申诉中解释的有效特殊情况时才会被考虑。

可以对组织者关于申诉的裁决提出抗议。只有提出申诉的代表团官员或运动员才能提出抗议。任何抗议都必须在组织者将有关申诉的裁决通知申诉人后 15 分钟内以书面形式向组织者提出。如果存在必须在抗议中解释的有效特殊情况，则在此时限之后收到的抗议可由仲裁委员会自行裁决。提出抗议时，必须向国际定向运动联合会高级赛事顾问支付 50 欧元（或等值的当地货币）的抗议费。如果仲裁委员会接受抗议，费用将被退还，否则费用必须邮寄给国际定向运动联合会。

七、颁奖仪式

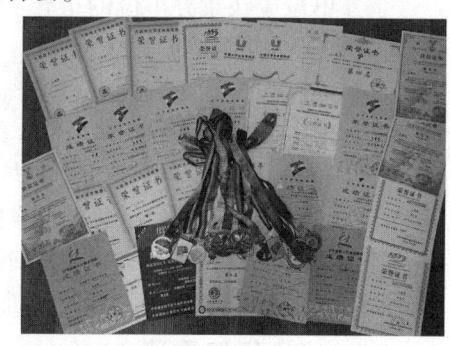

在竞赛结束后，竞赛委员会应尽早在赛事中心、运动员住宿地和指定的官方网站公布正式成绩，我们在赛后可以通过成绩公告栏查阅竞赛成绩。

山地自行车定向运动颁奖仪式是竞赛最令人激动的时刻之一。在每项竞赛结束后，组织委员会将立即在山地自行车定向运动竞赛场地举行颁奖仪式，获得前三名的运动员身着正式服装或运动服登上领奖台领奖，冠军所站的位置最高，然后宣布获奖代表队名字和运动员姓名。登台领奖将成为我们人生美好的回忆。

更快、更高、更强——更团结

"更快、更高、更强"是由"现代奥林匹克之父"顾拜旦的好友亨利·马丁·迪东提出的。1891 年，他在巴黎创办了一所体育学校。1895 年，他把上述格言作为该校校训。顾拜旦对此大为赞赏。

1913 年，国际奥委会正式批准，将"更快、更高、更强"这一格言写入《奥林匹克宪章》，自此之后奥林匹克格言就未改变过。

2021 年 7 月 20 日，在日本东京召开的国际奥委会第 138 次全会正式通过，将"更团结（Together）"加入奥林匹克格言中。奥林匹克格言从此变为"更快、更高、更强——更团结（Faster，Higher，Stronger-Together）"，这是奥林匹克格言诞生 108 年来首次进行更新。

第二节　山地自行车定向运动赛事组织

对于主办方而言，山地自行车定向运动赛事要充分发挥定向运动的综合育人功能，突出教育特色,讲求综合效益,体现"更快、更高、更强、更团结"的精神。通过山地自行车定向运动赛事,活跃文化生活,提高青少年学生的健康水平,发现和培养优秀体育人才,检验和提高学校课余训练水平,推动学校体育工作的开展。

一、山地自行车定向运动赛事组织机构设置

(一)成立筹备委员会

承办单位应在主办单位的指导下,成立筹备委员会或筹备工作领导小组,全面负责各项筹备工作,并制定竞赛规程。

竞赛规程应包括下列内容:竞赛名称、主办单位、承办单位、协办单位、参赛单位、竞赛日期和地点、运动队及运动员的参赛条件(参赛运动员健康要求和保险保额要求)、竞赛办法、项目、分组、录取名次、奖励办法、资格审查、体育道德风尚奖评比、裁判员、竞赛场地(校园、公园、山地等)、竞赛线路长度、难度或爬高量、报到时间、竞赛检录和开始时间、竞赛编排方法、经费条件(报名费与食宿费、指卡押金等其他费用)、报名的起止时间、联系人姓名、电子邮箱、电话、地址等。

(二)成立组织委员会

承办单位应在竞赛开始前向主办单位报送组织委员会成立方案,经主办单位批准,正式成立组织委员会。组织委员会全面负责竞赛期间的领导及善后工作,处理重大或紧急事项,保证竞赛公正、有序地顺利进行。在全部竞赛结束后一个月内,向主办单位递交书面总结。

(三)竞赛筹备委员会、组织委员会下设各机构的工作职责

(1)办公室:根据竞赛安排,排定活动日程表,拟定、印刷有关文件和材料,协调各部门的工作,协助有关机构组织各种会议,组织实施体育道德风尚奖运动队、运动员、裁判员的评选工作。

(2)地图委员会:组织定向地图的设计、绘图、印刷和保密等工作。

(3)竞赛委员会:执行竞赛规程,确保竞赛符合该项目的竞赛规则并按竞赛规程的规定进行;负责竞赛编排、抽签;接受参赛队报名;按照竞赛规则的要求,保证竞赛场地、器材(号码布、点标旗、电子指卡、电子打卡器、机械打卡器等)、设施的正常使用;安排赛前的训练,组织安排裁判员学习和实习,以及赛前的技术会议;编辑竞赛秩序册,定时发送竞赛公报。

(4)接待机构:负责参赛队、裁判员以及赛会工作人员的迎送、食宿、市内交通等生活安排;负责返程交通票的订购。

(5)纪律与资格审查机构:依照竞赛规程有关规定,负责审查参赛运动队、运动员的资格;听取受理意见,并做出处理决定;负责处理赛会和竞赛期间的一切违纪事件。

(6)财务机构:根据竞赛规模制定经费预算及开支原则;提出经费筹集方案,负责经费筹集和资金管理;合理支付各种费用;在竞赛结束后一个月内,向主办单位提交结算报告。

(7)宣传机构:以多种形式进行宣传和报道,扩大影响;负责与新闻单位的联系,组织必要的新闻发布会;编印宣传手册;配合赞助商做好广告设置。

（8）安全保障机构：负责赛会期间的食宿、交通、赛场安全保卫工作，负责维持赛场观众秩序。

（9）医疗保障机构：负责赛会期间的医疗保障工作。

（10）其他机构：体育展示；兴奋剂检查；观众服务；交通管理；环境保护；形象景观设计；摄影服务；颁奖仪式举办；志愿者服务等。

二、山地自行车定向运动赛事工作计划

（一）赛前阶段工作计划

（1）制订赛事工作计划和时间表；

（2）确定赛事项目，选择竞赛场地，制定竞赛规程；

（3）发布赛事通知（至少应在赛前 2 个月发布，国际级赛事的初步信息必须在赛事前 24 个月发布，竞赛规程应与赛事通知同时发布；竞赛区域确定后，应在通知中宣告该区域成为禁区）；

（4）绘制竞赛地图，设计竞赛线路；

（5）配备竞赛器材（点标旗、电子指卡、电子打卡器、机械打卡器、实时轨迹跟踪系统等）；

（6）接受报名；

（7）发布补充通知（至少应在赛前 1 个月发布，国际级赛事的邀请函必须在赛事前 12 个月发布，国际级赛事的赛事信息必须在赛事前 2 个月发布）；

（8）审查运动员资格，对已经报名的运动员进行公示和确认（报名截止后），公示和确认天数不得少于 5 个工作日；

（9）准备裁判员用品，组织裁判员学习；

（10）召开组织委员会全体会议；

（11）组织抽签并生成出发批次表；

（12）制作参赛证，印制秩序册、赛事服务指南（在报到时发给运动员）；

（13）组织接待，安全保障，医疗保障；

（14）召开领队、教练员和裁判长联席会议，发放出发批次表；

（15）组织模拟赛（在第一场竞赛的前一天，竞赛委员会应尽可能组织一场模拟赛来展示电子打卡计时设备、地形特点、地图质量、检查点设置、饮水站和必经线路）；

（16）设置开幕式场地，竞赛中心（包括终点区、成绩统计区、嘉宾区、观赏区、队旗展示区、运动员休息区、采访区与新闻中心、商业服务区、即时成绩公布栏、急救站、饮水站、咨询处和签到处、宣告台等），竞赛起点，竞赛区域，以及闭幕式场地。

（二）竞赛阶段工作计划

（1）医疗保障；

（2）测试器材：安排器材测试裁判员对各线路检查点器材进行测试，以确定器材正常和检查点位置准确；

（3）运动员签到和检录；

（4）开幕式；

（5）竞赛；

（6）运动员签退；

（7）成绩公示；

（8）颁奖仪式；

（9）闭幕式。

(三) 赛后阶段工作计划

（1）回收器材；

（2）赛事总结会议；

（3）赛事总结报告。

三、山地自行车定向运动赛事起点区和终点区设置

(一) 赛事起点区设置

起点裁判员根据线路设计员的规划设置起点区。

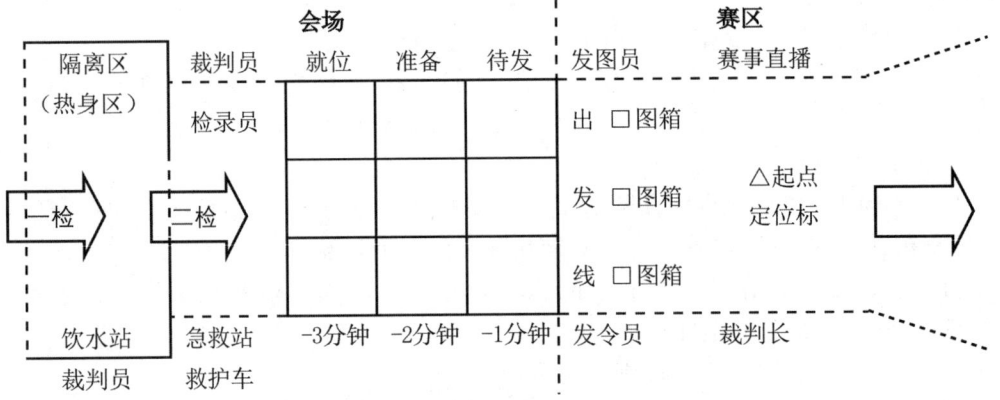

赛事起点区设置

(二) 赛事终点区设置

终点裁判员根据线路设计员的规划设置终点区。

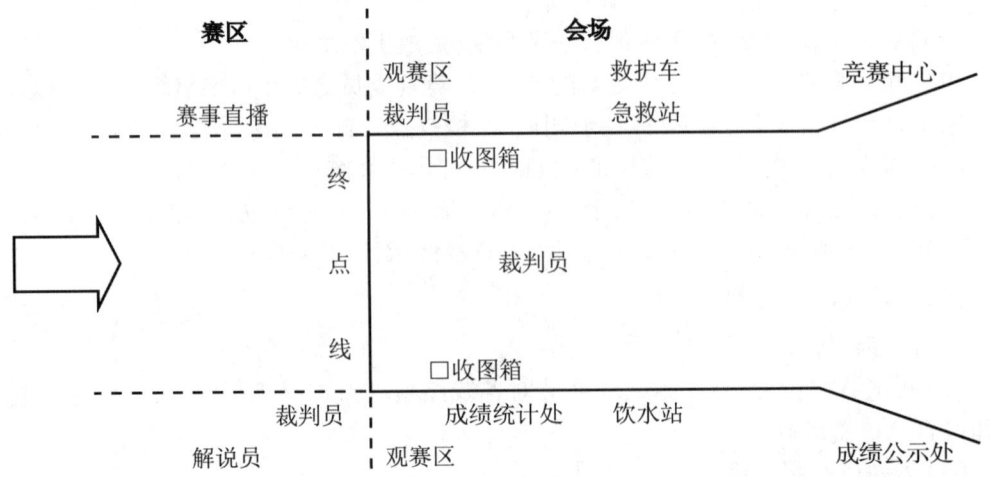

赛事终点区设置

模拟赛

赛事计划需要包括合乎需要的模拟赛。

在赛事首场竞赛的前一天，组织者必须举办一场模拟赛，以展示地形类型、地图质量、检查点特征、检查点设置和必经路线。

运动员、代表团官员、国际定向运动联合会官员和媒体代表必须有机会参加模拟赛。

如果国际定向运动联合会赛事顾问认为有必要，必须组织更多的模拟赛。

如果国际定向运动联合会赛事顾问认为合适，则可以在竞赛当天组织模拟赛。

组织者必须向所有运动员提供平等的参加模拟赛的机会。

运动员必须有机会在模拟赛中练习使用电子打卡系统。

 **本章思考题**

1.谈谈你的山地自行车定向运动梦想。

2.请你做一场山地自行车定向运动赛事策划。

附录　国际定向运动联合会山地自行车定向运动赛事竞赛规则（2024）①

国际定向运动联合会（IOF）山地自行车定向运动（MTBO）赛事竞赛规则［COMPE-TITION RULES FOR INTERNATIONAL ORIENTEERING FEDERATION （IOF） MOUNTAIN BIKE ORIENTEERING （MTBO） EVENTS］

（世界山地自行车定向运动锦标赛规则）
（Rules for the World MTB Orienteering Championships）
（山地自行车定向运动世界杯规则）
（Rules for the World Cup in MTB Orienteering）
（世界青少年山地自行车定向运动锦标赛规则）
（Rules for the Junior World MTB Orienteering Championships）
（世界大师山地自行车定向运动锦标赛规则）
（Rules for the World Masters MTB Orienteering Championships）
（地区山地自行车定向运动锦标赛规则）
（Rules for the Regional MTB Orienteering Championships）
（国际定向运动联合会山地自行车定向运动世界排位赛规则）
（Rules for IOF World Ranking Events in MTB Orienteering）

本版竞赛规则自 2024 年 1 月 1 日起生效
随后的修订版将在国际定向运动联合会官方网站上公布
网站：http://www.orienteering.sport/
左页边距中的竖线（┃）表示相对于旧版本（2023 年 2 月 1 日）的重大变更

---

① 本竞赛规则由韩文华翻译。

1.定义

1.1 山地自行车定向运动(Mountain Bike Orienteering)是参赛者使用山地自行车依据地形特征独立导航的一项运动。参赛者借助地图和指北针,必须在最短的时间内到访若干个地面检查点。参赛者在竞赛开始之后才能看到通向检查点位置的线路。在导航技能起决定作用的竞赛中,检验参赛者的山地自行车骑行和导航技能。参赛者必须通过骑、搬或推山地自行车完成竞赛。只有在地图上用适当的符号标绘的区域才允许离开小路和小径越野骑行。

1.2 在个人间隔出发定向赛中,参赛者独立导航和骑行穿越地形。

1.3 在集体出发和追逐出发定向赛中,参赛者可能经常彼此紧挨着骑行,但这些竞赛形式仍然需要独立导航。

1.4 "参赛者"一词是指不同性别的个人或一个团队,视情况而定。

1.5 山地自行车定向运动(MTBO)竞赛项目分为以下类型:

按竞赛性质划分:

个人定向赛(个人独立竞赛);

接力定向赛(两名或两名以上队员连续进行个人定向赛);

团队定向赛(两个或两个以上的人协作竞赛)。

按竞赛结果的决定方式划分:

单场竞赛(单场竞赛的结果是最终结果。参赛者可以参加不同的竞赛:A-赛、B-赛等,B-赛的参赛者排名排在 A-赛的参赛者排名之后,依此类推);

多场竞赛(在一天或几天内举行的两场竞赛或多场竞赛的总成绩构成最终结果);

资格赛(参赛者通过一场或多场资格赛获得决赛资格,他们可能会被分配到不同的预赛组别。资格赛的结果也决定了决赛的出发顺序。竞赛的结果仅为决赛资格。可能有 A-决赛和 B-决赛等,B-决赛的参赛者排名排在 A-决赛的参赛者之后,依此类推。如果只有一组预赛,所有进入预赛的参赛者都有资格进入决赛,则资格赛称为序幕赛)。

按到访检查点的顺序划分：

特定顺序定向赛：顺序是规定的；

自由顺序定向赛：必须到访所有检查点，但没有特定顺序（参赛者可以自由选择顺序）；

积分定向赛：检查点被赋予不同的分值（参赛者可以在规定的时间内自由选择顺序和到访检查点）。

按竞赛的长度划分：

长距离定向赛；

中距离定向赛；

短距离定向赛。

按竞赛的出发方式划分：

间隔出发定向赛（竞赛是计时赛，时间最短的参赛者是冠军）；

集体出发定向赛（参赛者集体出发，第一个冲过终点线的参赛者是冠军）；

追逐起跑定向赛（参赛者根据前面竞赛的结果间隔出发，第一个冲过终点线的参赛者是冠军）。

	1.6	"联合会"一词，是指国际定向运动联合会的会员联合会。
	1.7	"赛事"一词包含了山地自行车定向运动赛事的所有方面，包括组织事务，如开始抽签、代表团官员会议和各项仪式。一项赛事，例如世界山地自行车定向运动锦标赛，可能会包含不止一次竞赛。
世界山地自行车定向运动锦标赛（WMTBOC）	1.8	世界山地自行车定向运动锦标赛（WMTBOC）是授予世界山地自行车定向运动冠军头衔的官方赛事。它是在国际定向运动联合会和指定的联合会的授权下组织的赛事。
山地自行车定向运动世界杯（WCup）	1.9	山地自行车定向运动世界杯（WCup）是官方系列赛事，旨在在一个赛季中采取多种形式发掘世界上最好的山地自行车定向运动员。不同的赛事是在国际定向运动联合会和组织者联合会的授权下组织的。
世界青少年山地自行车定向运动锦标赛（JWMTBOC）	1.10	世界青少年山地自行车定向运动锦标赛（JWMTBOC）是授予世界青少年山地自行车定向运动冠军头衔的官方赛事。它是在国际定向运动联合会和指定的联合会的授权下组织的赛事。

世界大师山地自行车定向运动锦标赛（WMMTBOC）	1.11	世界大师山地自行车定向运动锦标赛（WMMTBOC）是发掘世界上顶尖山地自行车定向运动大师的官方赛事。它是在国际定向运动联合会和组织者联合会的授权下组织的赛事。
地区山地自行车定向运动锦标赛（ROC）	1.12	地区山地自行车定向运动锦标赛（ROC）是授予每个国际定向运动联合会地区山地自行车定向运动锦标赛地区冠军头衔的官方赛事。这些赛事是在国际定向运动联合会和指定的联合会的授权下组织的。国际定向运动联合会地区包括非洲、亚洲、欧洲、北美洲、大洋洲和南美洲。
国际定向运动联合会山地自行车定向运动世界排位赛（WRE）	1.13	国际定向运动联合会山地自行车定向运动世界排位赛（WRE）是被国际定向运动联合会理事会纳入官方国际定向运动联合会赛事日历的国际赛事。该赛事是在国际定向运动联合会和组织者联合会的授权下组织的。
	1.14	国际定向运动联合会世界排名系统是一个根据世界山地自行车定向运动锦标赛、世界杯、地区锦标赛和世界排位赛中的表现对世界顶尖山地自行车定向运动员进行排名的系统。
	1.15	国际定向运动联合会赛事顾问是被任命为管理监督国际定向运动联合会赛事的人。在世界山地自行车定向运动锦标赛、世界青少年山地自行车定向运动锦标赛、世界大师山地自行车定向运动锦标赛、世界杯和地区锦标赛等赛事中,使用国际定向运动联合会高级赛事顾问的头衔。

2.总则

2.1	本规则连同附录（详见国际定向运动联合会官网）对山地自行车定向运动锦标赛及其他所有国际定向运动联合会山地自行车定向运动赛事具有约束力。编号前无赛事名称编写的规则条款则适用于所有赛事。规则条款编号左侧标注专有名词缩写的,该规则仅适用于该赛事。如发生冲突,特别条款优先于一般性条款。
2.2	如果一项赛事出现两种类型(例如:锦标赛也可能是世界杯的一部分),则以更高级别赛事(按1.8～1.13中的定义顺序)的规则为准。

	2.3	建议国别规则以本规则为基础制定。
	2.4	如果没有特别说明,本规则适用于任何脚踏动力自行车(通常是山地自行车)的个人日间定向运动竞赛。
	2.5	附加规定如与本规则不冲突,可由赛事组织者自行确定。但需要得到国际定向运动联合会赛事顾问的批准。
	2.6	这些规则和任何其他规定对所有参赛者、代表团官员以及与组织者有关或与参赛者有关的其他人员均具有约束力。任何其他规定必须在最终赛事公告中公布。
	2.7	公平竞争必须成为参赛者、组织者和仲裁委员会解释这些规则的指导原则。
	2.8	在翻译成任何其他语言引起的任何争议中,必须将这些规则的英文文本视为决定性文本。
	2.9	在接力定向赛中,除非另有说明,否则个人竞赛的规则是有效的。
	2.10	国际定向运动联合会理事会可以决定必须遵守的特别规则或规范,例如:国际定向运动联合会反兴奋剂规则、国际定向运动联合会定向运动指南、国际山地自行车定向运动地图规范和莱比尼茨公约。
	2.11	国际定向运动联合会理事会可以允许偏离这些规则和规范,但必须至少在赛事开始前6个月内向国际定向运动联合会办公室发送许可请求。
	2.12	必须遵守国际定向运动联合会山地自行车定向运动赛事组织者指南。重大偏离需要国际定向运动联合会赛事顾问的同意。
世界青少年山地自行车定向运动锦标赛（JWMTBOC）	2.13	世界青少年山地自行车定向运动锦标赛必须按照以下原则组织: 每个联合会最优秀的青少年定向运动员必须参加技术质量高的竞赛。 该赛事必须具有社交氛围,而不是竞争氛围,强调经验交流。 参与的成本必须保持在较低水平。

| 地区山地自行车定向运动锦标赛（ROC） | 2.14 | 地区山地自行车定向运动锦标赛的具体规则见附录9~11（详见国际定向运动联合会官网）。 |

3.赛事日程

	3.1	赛事日期和日程安排由组织者提出，并由国际定向运动联合会理事会批准。
世界山地自行车定向运动锦标赛（WMTBOC）	3.2	世界山地自行车定向运动锦标赛每年举办一次。赛事计划包括个人短距离、中距离、长距离、集体出发定向赛以及接力定向赛，同时也包括开幕式、闭幕式、合乎需要的模拟赛和休息时间。预计组织者将为观众和其他不在国家队的参赛者提供公开国际赛事。
山地自行车定向运动世界杯（WCup）	3.3	山地自行车定向运动世界杯每年举办一次。个人世界杯以个人定向赛为基础。团体世界杯以接力定向赛为基础。
山地自行车定向运动世界杯（WCup）	3.4	国际定向运动联合会理事会决定山地自行车定向运动世界杯赛事的数量和类型以及任何必要的特别规则。
世界青少年山地自行车定向运动锦标赛（JWMTBOC）	3.5	世界青少年山地自行车定向锦标赛每年举办一次，与世界山地自行车定向运动锦标赛同时举行。赛事计划包括个人短距离、中距离、长距离、集体出发定向赛以及接力定向赛，同时也包括开幕式、闭幕式、合乎需要的模拟赛和休息时间。
世界大师山地自行车定向运动锦标赛（WMMTBOC）	3.6	世界大师山地自行车定向运动锦标赛是一年一度的赛事。赛事计划包括短距离、中距离、长距离、集体出发定向赛以及模拟赛。
地区山地自行车定向运动锦标赛（ROC）	3.7	地区山地自行车定向运动锦标赛每年举行一次。
国际定向运动联合会山地自行车定向运动世界排位赛（WRE）	3.8	国际定向运动联合会山地自行车定向运动世界排位赛的赛事由联合会根据国际定向运动联合会确定的标准进行选择。

4.赛事申请

| | 4.1 | 任何联合会都可以申请组织国际定向运动联合会的山地自行车定向运动赛事。 |

4.2 　申请必须由联合会转发给国际定向运动联合会办公室。必须使用正式的申请表，并且申请必须包含所有要求的信息和保证。如果没有成功申请，申请期通常会进一步延长，直到收到有效的申请和评估，国际定向运动联合会理事会指定组织者。有关申请将尽快按照收到和委任的先后顺序处理。如果在适当的时间内没有收到合适的申请，国际定向运动联合会理事会可以决定不组织赛事。

4.3 　国际定向运动联合会理事会可以对任何国际定向运动联合会赛事收取服务费。服务费的金额必须在该赛事的申请截止日期前至少6个月公布。

4.4 　如果组织者未能遵守规则、规范、国际定向运动联合会赛事顾问的指示或申请中提交的信息，国际定向运动联合会理事会可能会取消对赛事的批准。在这种情况下，组织者不能要求损害赔偿。

世界山地自行车定向运动锦标赛（WMTBOC）世界青少年山地自行车定向运动锦标赛（JWMTBOC）

4.5 　申请必须在锦标赛年前三年的1月1日之前收到。组织者联合会的临时任命由国际定向运动联合会理事会不迟于同年10月31日做出。每项任命必须根据在6个月内签署的组织赛事的合同来确认，否则理事会可以做出其他任命。

山地自行车定向运动世界杯（WCup）

4.6 　申请举办山地自行车定向运动世界杯竞赛的邀请函将发送给所有联合会。申请必须在竞赛年度前两年的1月1日之前收到。国际定向运动联合会理事会不迟于同年10月31日临时任命组织者或组织者联合会。每项任命必须根据在6个月内签署的组织赛事的合同来确认，否则理事会可以做出其他任命。

世界大师山地自行车定向运动锦标赛（WMMTBOC）

4.7 　申请必须在世界大师山地自行车定向运动锦标赛年度前两年的1月1日之前收到。国际定向运动联合会理事会不迟于同年10月31日临时任命组织者或组织者联合会。每项任命必须根据在6个月内签署的组织赛事的合同来确认，否则理事会可以做出其他任命。

国际定向运动联合会 山地自行车定向运动 世界排位赛 （WRE）	4.8	国际定向运动联合会理事会规定了山地自行车定向运动世界排位赛必须满足的标准。申请截止日期不迟于赛事前一年的 9 月 30 日，并在同年 11 月 30 日之前获得国际定向运动联合会理事会的批准或拒绝。

5.组别

	5.1	参赛者根据性别和年龄分为不同组别。女参赛者可以参加男子组的竞赛。
	5.2	到组织委员会指定年龄的日历年年底，男子组和女子组年满 20 岁或以下年龄的参赛者有权参加年龄较大组别的竞赛，最高可达 21 岁（含 21 岁）组别。
	5.3	到组织委员会指定年龄的日历年年初，男子组和女子组年满 21 岁的参赛者有权参加 21 岁以上（含 21 岁）组别的竞赛。
国际定向运动联合会 山地自行车定向运动 世界排位赛 （WRE）	5.4	竞赛组别分别称为 W21 和 M21，分别针对女参赛者和男参赛者。
世界山地自行车定向 运动锦标赛 （WMTBOC）	5.5	在个人定向赛和接力定向赛中，女子和男子各有一个组别，没有年龄限制，这些组别被称为女子组和男子组。
山地自行车定向运动 世界杯 （WCup） 地区山地自行车定向 运动锦标赛 （ROC）	5.6	在个人定向赛和接力定向赛中，男子和女子各有一个组别（混合接力定向赛除外），没有年龄限制。这些组别被称为女子组和男子组。 此外，个人世界杯还有女子 U23 和男子 U23 组别。直到参赛者过 23 岁生日的日历年年底，女参赛者和男参赛者分别属于女子 U23 组和男子 U23 组。他们同时参加各自组别的竞赛，并在所有方面都被视为这些组别的参赛者，他们的成绩和分数也分别列在女子 U23 组和男子 U23 组名单中。女子 U23 组和男子 U23 组世界杯积分是分开计算的。
世界青少年山地自行车 定向运动锦标赛 （JWMTBOC）	5.7	女参赛者有一个组别，男参赛者也有一个组别。只有有资格参加 W20 组或 M20 组的参赛者才能参加。

世界大师山地自行车定向运动锦标赛（WMMTBOC）	5.8	必须提供以下组别：W35、M35、W40、M40、W45、M45、W50、M50、W55、M55、W60、M60、W65、M65、W70、M70、W75、M75、W80、M80、W85 和 M85。组织者可酌情为年龄较大的定向运动员（如 W90、M90）提供组别。如果其中一个或两个组别的参赛人数少于 5 个，则必须合并同一个 10 年中的两个相邻组别。例如，如果 W50 组和/或 W55 组中的参赛人数少于 5 个，则必须将这两个组合并为一个 W50 组。W70、M70、W75、M75、W80、M80、W85 和 M85 组的年龄间隔必须为 5 岁，无论参赛人数多少。

6.参与

	6.1	一名参赛者在任何时候都只能代表一个联合会。他们必须是该联合会所属国家的公民。他们必须能够提供护照或其他证明其公民身份的有效文件。所有参赛者必须确保他们所代表的联合会正确记录在国际定向运动联合会赛事中心。
	6.2	联合会代表的变更请求将由国际定向运动联合会办公室进行检查，并于 4 月 15 日或 11 月 15 日生效。参赛者更换联合会代表的频率不得超过每四年一次。
世界山地自行车定向运动锦标赛（WMTBOC）山地自行车定向运动世界杯（WCup）世界青少年山地自行车定向运动锦标赛（JWMTBOC）	6.3	每个参赛联合会必须任命一名团队管理者作为团队与组织者之间的联系人。团队管理者的职责是确保团队收到所有必要的信息。
	6.4	参赛者需自行承担风险。根据国家规定，第三方保险和人身伤害保险是强制性的，由其联合会或他们自己负责。
世界山地自行车定向运动锦标赛（WMTBOC）	6.5	所有参赛者都代表一个联合会。每个联合会可以报名一个由不限数量的参赛者和一定数量的代表团官员组成的团队。组织者可以根据可用设施对每支队伍的最大官员人数进行限制。每个团队的最大人数相同，并且必须至少为 5 人。

世界山地自行车定向运动锦标赛（WMTBOC）	6.6	在每项个人竞赛中，每个联合会最多可以报名 6 名女参赛者和 6 名男参赛者参加竞赛。此外，该项目的现世界冠军也可以代表其联合会参加竞赛。如果个人竞赛也是世界杯竞赛，那么每个联合会最多可以再报名 2 名女参赛者和 2 名男参赛者参加竞赛，他们分别有资格参加女子 U23 组和男子 U23 组，但长距离竞赛不提供 U23 组别。
世界山地自行车定向运动锦标赛（WMTBOC）	6.7	在接力定向赛中，每个联合会最多可以报名 2 支女子接力队和 2 支男子接力队参加竞赛，每队由 3 名队员组成。不允许使用不完整的团队和来自多个联合会的山地自行车参赛者组成的团队。只有参加本次赛事或与本次赛事相关赛事的参赛者才能参加竞赛。
山地自行车定向运动世界杯（WCup）	6.8	所有参赛者都代表一个联合会。每个联合会最多可以报名 6 名女参赛者和 6 名男参赛者参加个人竞赛。此外，该项目的现世界冠军可以代表他们的联合会参加竞赛。如果山地自行车定向运动世界杯赛事与地区山地自行车定向运动锦标赛同时进行，则该赛区的上届冠军在获得联合会的配额外，还可以参加该赛制的山地自行车定向运动世界杯竞赛。此外，每个联合会最多可以再报名 2 名女参赛者和 2 名男参赛者参加竞赛，他们分别有资格参加女子 U23 组和男子 U23 组的竞赛。
山地自行车定向运动世界杯（WCup）	6.9	在混合接力定向赛中，每个联合会最多可以报名 4 支队伍。每个团队由 3 名团队成员组成，并且必须至少包括 1 名女参赛者。 不允许使用不完整的团队和来自多个联合会的山地自行车参赛者组成的团队。只有参加本次赛事或与本次赛事相关赛事的参赛者才能参加竞赛。
世界青少年山地自行车定向运动锦标赛（JWMTBOC）	6.10	所有参赛者都代表一个联合会。每个联合会可以报名一个由不限数量的参赛者和一定数量的代表团官员组成的团队。组织者可以根据可用设施对每支队伍的最大官员人数进行限制。每个团队的最大人数相同，并且必须至少为 5 人。
世界青少年山地自行车定向运动锦标赛（JWMTBOC）	6.11	在每场竞赛中，每个联合会最多可以报名 6 名女参赛者和 6 名男参赛者。

世界青少年山地自行车 定向运动锦标赛 （JWMTBOC） 6.12	在接力定向赛中，每个联合会可以报名 2 支女子队和 2 支男子队，每队由 3 名队员组成。不允许使用不完整的团队和来自多个联合会的山地自行车参赛者组成的团队。在任何情况下，参赛者以外的人不得参加竞赛。
世界大师山地自行车 定向运动锦标赛 （WMMTBOC） 6.13	世界大师山地自行车定向运动锦标赛的参赛资格根据其年龄组别向所有参赛者开放。
世界山地自行车定向 运动锦标赛 （WMTBOC） 山地自行车定向运动 世界杯 （WCup） 6.14	参赛者必须持有有效的国际定向运动联合会运动员执照。

7.费用

7.1	组织赛事的费用由组织者承担。为了支付竞赛费用，组织者可能会向参赛者收取报名费，向非参赛者（代表团官员、媒体等）收取认证费。此费用必须保持在尽可能低的水平，并且必须得到国际定向运动联合会赛事顾问的批准。对于有多场竞赛的赛事，作为整个赛事总费用的替代方案，组织者必须为参赛者提供认证费和每场参赛费用的选择方案。
7.2	每个联合会或个人参赛者都有责任支付邀请函中规定的报名费。支付报名费的时限不得早于赛事前 6 周。逾期付款可能需要支付额外费用。
7.3	如果可能的话，组织者必须接受逾期的报名参赛和更改，并可能收取额外费用。
世界山地自行车定向 运动锦标赛 （WMTBOC） 山地自行车定向运动 世界杯 （WCup） 世界青少年山地自行车 定向运动锦标赛 （JWMTBOC） 7.4	以下内容适用于逾期报名参赛和更改： 在团队规模截止日期之后（见 9.6），可以额外参赛，并收取 20% 的附加费，退赛将获得 80% 的退款。 在团队名称截止日期之后（见 9.7），额外的条目将产生 50% 的附加费，退赛将获得 50% 的退款，更改名称将产生 10 欧元的费用。 组织者可决定是否对额外报名参赛收取额外费和更改姓名费。必须始终退款。

7.5 每个联合会或个人参赛者负责前往赛事的差旅费、住宿费、餐饮费以及住处、赛事中心和竞赛场地之间的交通费。如果必须使用官方交通工具前往竞赛场地,则报名费必须包括这些费用。

7.6 国际定向运动联合会任命的赛事顾问和助理往返赛场的差旅费由国际定向运动联合会支付。监督访问和赛事期间的当地费用由组织者或组织者联合会根据国家协议支付。

7.7 由联合会任命的国际定向运动联合会赛事顾问和助理的所有费用必须由组织者或联合会根据国家协议支付。

世界山地自行车定向
运动锦标赛
(WMTBOC)
世界青少年山地自行车
定向运动锦标赛
(JWMTBOC)

7.8 除非有良好的标准住宿和低价食物,否则必须提供不同标准的住宿和餐饮,让参赛者可以选择。竞赛费、餐饮费和住宿费必须分别显示为 3 个金额。在任何情况下,都不得强制使用组织者安排的住宿。

7.9 如果赛事(或部分赛事)必须取消,组织者可以保留最低比例的报名费,以支付承诺的费用。

8.赛事相关信息

8.1 所有信息和仪式必须至少使用英文。官方信息必须以书面形式提供。口头形式只能在回答代表团官员会议上或紧急情况下的问题时使用。

世界山地自行车定向
运动锦标赛
(WMTBOC)
山地自行车定向运动
世界杯
(WCup)
世界大师山地自行车
定向运动锦标赛
(WMMTBOC)

8.2 组织者或国际定向运动联合会赛事顾问的信息必须以公告的形式提供。必须在国际定向运动联合会网站上发布公告,或通过国际定向运动联合会网站链接到公告。

世界山地自行车定向 运动锦标赛 （WMTBOC） 山地自行车定向运动 世界杯 （WCup） 世界青少年山地自行车 定向运动锦标赛 （JWMTBOC）	8.3	公告 1（初步信息）必须包括以下信息： 组织者以及赛事总监、国际定向运动联合会赛事顾问和赛事监督的姓名； 电话号码、电子邮件地址和网页； 竞赛场地。 竞赛的日期和类型； 组别和任何参与限制； 训练机会； 该地区总体地图； 禁区； 赛事的任何特点； 以前任何禁区定向运动地图的最新版本的高分辨率彩色副本的链接。
世界山地自行车定向 运动锦标赛 （WMTBOC） 山地自行车定向运动 世界杯 （WCup） 世界青少年山地自行车 定向运动锦标赛 （JWMTBOC）	8.4	公告 2（邀请函）必须包含以下信息： 公告 1 提供的所有信息； 报名手续及住宿预订详情； 报名截止日期和地址； 参赛者和代表团官员的报名费以及逾期报名和更改的任何额外费用（见 7.4）； 支付报名费和逾期付款的额外费用的最晚日期和地址（见 7.2）； 住宿和餐饮的种类和费用； 预订官方住宿的最晚日期； 提供的任何交通工具的详细情况； 获得入境许可（签证）的指导； 是否允许离开小路越野骑行（见 17.4）； 是否有任何检查点不在道路上； 有关从最近的机场到赛事中心的参赛者可选择的公共交通和骑行的信息； 训练机会详情； 地形、天气和任何危害的描述； 地图的比例尺和等高距； 要使用的打卡系统； 如有必要，关于竞赛服装的注意事项； 每条线路的胜出时间； 指向显示地形类型的最近示例地图的链接； 每队最多官员人数（如果有人数限制）；

负责媒体的官员的电话号码和电子邮件地址；

关于联合会媒体代表和任何额外代表的登记指导。

公告3(赛事信息)必须包含以下信息：

发送确切参赛者人数的截止日期；

发送参赛者姓名的截止日期；

赛事的详细日程安排，包括最终名单和出发批次表；

任何反兴奋剂要求；

地形细节；

任何允许的偏离规则的行为；

竞赛办公室的地址、电话号码和电子邮箱地址；

地图和时刻表信息，使团队能够乘坐公共交通工具或骑山地自行车从最近的国际机场或火车站前往赛事中心；

住宿和餐饮的详细信息；

交通时间表；

线路长度、总爬坡量和检查点数量；

代表团官员会议；

公告3已发布的通知必须通过电子邮件发送给所有报名的联合会。如果需要进一步的信息，必须将其提供给所有相应的联合会。

世界山地自行车定向运动锦标赛（WMTBOC）山地自行车定向运动世界杯（WCup）世界青少年山地自行车定向运动锦标赛（JWMTBOC）	8.5	

公告4(附加赛事信息)必须在参赛者抵达时以印刷形式提供，并且必须包括赛事的最终详细信息：

与赛事相关的所有特别规则；

已授予的任何其他规则和任何规则偏离；

隔离区的位置以及参赛者和官员必须进入和可能离开隔离区的时间；

申诉的时限；

申诉的地点；

有效时间(如果设置)；

仲裁委员会成员的姓名和所属联合会。

世界山地自行车定向运动锦标赛（WMTBOC）山地自行车定向运动世界杯（WCup）世界青少年山地自行车定向运动锦标赛（JWMTBOC）	8.6	

公告1必须在赛事开始前24个月内发布；公告2必须在赛事开始前12个月内发布；公告3必须在赛事开始前2个月内发布。

世界山地自行车定向运动锦标赛（WMTBOC）世界青少年山地自行车定向运动锦标赛（JWMTBOC）	8.7	

山地自行车定向运动 世界杯 （WCup） 世界大师山地自行车 定向运动锦标赛 （WMMTBOC）	8.8	公告 1 和公告 2 必须在赛事开始前 12 个月内发布；公告 3 必须在赛事开始前 2 个月内发布。
世界大师山地自行车 定向运动锦标赛 （WMMTBOC）	8.9	来自组织者的信息必须以 3 份公告的形式提供。公告 1 和公告 2 必须包含 8.3 和 8.4 中的相关信息；公告 3 必须包含 8.5 中的相关信息；公告 4 必须包含 8.6 中的相关信息，并且必须在抵达时以印刷形式提供。
国际定向运动联合会 山地自行车定向运动 世界排位赛 （WRE）	8.10	来自组织者的信息必须以 2 份公告的形式提供。公告 1 和 2 必须包含 8.3 和 8.4 中的相关信息；公告 3 必须包含 8.5 中的相关信息。公告 1 和公告 2 必须在赛事开始前至少 4 个月内通过国际定向运动联合会网站在互联网上发布；公告 3 必须在赛事开始前至少 2 周内通过国际定向运动联合会网站在互联网上发布。

9.参赛信息

	9.1	参赛信息必须按照公告 2 中的说明提交。每个参赛者必须至少提供以下信息：姓氏和名字、性别、出生年份、所属联合会。必须提供代表团官员的姓名。如果可能的话，组织者必须接受逾期的参赛信息，并可能收取额外费用。
	9.2	参赛者在任何一场竞赛中只能参加一个组别。
	9.3	如果参赛者或团队未支付报名费且未就付款达成协议，组织者可能会将其排除在竞赛之外。
世界山地自行车定向 运动锦标赛 （WMTBOC） 山地自行车定向运动 世界杯 （WCup） 世界青少年山地自行车 定向运动锦标赛 （JWMTBOC）	9.4	必须在公告 2 指定的时间内将住宿预订信息送交组织者，并将住宿预订费支付给组织者。

世界山地自行车定向运动锦标赛（WMTBOC）山地自行车定向运动世界杯（WCup）世界青少年山地自行车定向运动锦标赛（JWMTBOC）	9.5	参赛者只能由其联合会选拔和报名。
世界山地自行车定向运动锦标赛（WMTBOC）山地自行车定向运动世界杯（WCup）世界青少年山地自行车定向运动锦标赛（JWMTBOC）	9.6	参赛信息必须包括男女参赛总人数、每场竞赛参赛人数、接力队人数、代表团官员人数以及团队管理者的姓名、电子邮件地址和手机号码，必须在参赛队伍规模截止日期前送交组织者，该截止日期不得早于赛事开始前 2 个月。
世界山地自行车定向运动锦标赛（WMTBOC）山地自行车定向运动世界杯（WCup）世界青少年山地自行车定向运动锦标赛（JWMTBOC）	9.7	每位参赛者的姓名、性别和他们将参加的竞赛以及代表团官员的姓名必须在团队名称截止日期之前送交组织者，该截止日期不得早于赛事第一场竞赛前 10 天。变更可以在赛事第一场竞赛前一天中午 12 点之前进行。在此之后，在任何情况下都不允许对团队名称进行进一步的变更。
世界山地自行车定向运动锦标赛（WMTBOC）山地自行车定向运动世界杯（WCup）世界青少年山地自行车定向运动锦标赛（JWMTBOC）	9.8	参赛者的姓名（如有需要）和他们在接力队中的骑行接力顺序必须在竞赛报名截止日期之前送交组织者，该截止日期不得早于竞赛前一天中午 12 点。

世界山地自行车定向 运动锦标赛 （WMTBOC） 山地自行车定向运动 世界杯 （WCup） 世界青少年山地自行车 定向运动锦标赛 （JWMTBOC）	9.9	在第一场竞赛开始后的 2 小时内，不得更换任何参赛者。在接力定向赛中，这也适用于团队成员的骑行接力顺序。
世界山地自行车定向 运动锦标赛 （WMTBOC） 山地自行车定向运动 世界杯 （WCup） 世界青少年山地自行车 定向运动锦标赛 （JWMTBOC）	9.10	在个人竞赛中，在竞赛报名截止日期和同组别第一个参赛者出发前 2 小时之间，参赛者可能会因正当理由（例如：意外或疾病）而被替换。不允许更改出发组别。如果被替换的参赛者因之前的表现（例如：世界排位、世界杯积分、世界山地自行车定向运动锦标赛排名）而被安排在首发名单中，则新参赛者必须被安排在首发名单中处于最不利的位置（通常作为第一个首发），而不管他们之前的表现如何。其他参赛者的出发时间不得更改，即使出发批次表中有间隔。第一场竞赛后，不得更换多场竞赛的参赛者。
世界山地自行车定向 运动锦标赛 （WMTBOC） 山地自行车定向运动 世界杯 （WCup） 世界青少年山地自行车 定向运动锦标赛 （JWMTBOC）	9.11	在接力定向赛中，接力队队员的姓名和/或他们的山地自行车骑行接力顺序的更改信息必须在接力组别开始前至少 2 小时送交组织者。
世界山地自行车定向 运动锦标赛 （WMTBOC） 山地自行车定向运动 世界杯 （WCup） 世界青少年山地自行车 定向运动锦标赛 （JWMTBOC）	9.12	在竞赛报名截止日期后，只能从联合会的已报名参赛队伍中更换参赛者。

世界青少年山地自行车 定向运动锦标赛 （JWMTBOC）	9.13	在每场个人竞赛中,每个联合会必须将其参赛者分配到 3 个出发组(早、中、晚)。
	9.14	当联合会被要求将其参赛者分配到出发组时,联合会必须在出发组中尽可能平均地分配其他参赛者。这意味着每个出发组的参赛者数量与该联合会相同,或者每个组中来自该联合会的参赛者数量最多相差一名。如果联合会未能将其参赛者分配到出发组,则组织者必须决定将联合会的参赛者分配到出发组。

10.旅行、运输和山地自行车安全存放

世界山地自行车定向 运动锦标赛 （WMTBOC） 山地自行车定向运动 世界杯 （WCup） 世界青少年山地自行车 定向运动锦标赛 （JWMTBOC）	10.1	每个联合会都负责组织自己的旅行。
世界山地自行车定向 运动锦标赛 （WMTBOC） 山地自行车定向运动 世界杯 （WCup） 世界青少年山地自行车 定向运动锦标赛 （JWMTBOC）	10.2	根据要求,组织者必须安排将团队及其山地自行车从最近的国际机场或火车站运送到赛事中心或住处。团队可能需要为此服务付费。
世界山地自行车定向 运动锦标赛 （WMTBOC） 山地自行车定向运动 世界杯 （WCup） 世界青少年山地自行车 定向运动锦标赛 （JWMTBOC）	10.3	住处、赛事中心、竞赛场地等之间的交通可以由组织者或团队安排。根据要求,组织者必须在赛事期间安排所有必要的交通工具。团队可能需要为此服务付费。

10.4	组织者可以宣布必须使用官方交通工具前往竞赛场地。
10.5	如果条件允许，组织者应在赛事中心和竞赛区域提供安全的场地来存放山地自行车。

11.训练和模拟赛

11.1	如有要求，必须在竞赛前提供训练机会。

世界山地自行车定向运动锦标赛
（WMTBOC）
山地自行车定向运动世界杯
（WCup）
世界青少年山地自行车定向运动锦标赛
（JWMTBOC）
世界大师山地自行车定向运动锦标赛
（WMMTBOC）

11.2	在赛事首场竞赛的前一天，组织者必须举办一场模拟赛，以展示地形类型、地图质量、检查点特征、检查点设置和必经路线。
11.3	参赛者、代表团官员、国际定向运动联合会官员和媒体代表必须有机会参加模拟赛。
11.4	如果国际定向运动联合会赛事顾问认为有必要，必须组织更多的模拟赛。
11.5	如果国际定向运动联合会赛事顾问认为合适，则可以在竞赛当天组织模拟赛。

世界山地自行车定向运动锦标赛
（WMTBOC）

11.6	必须向所有联合会提供平等的训练机会。组织者必须在锦标赛前 18 个月内提供训练机会。地形和地图应尽可能与锦标赛的地形和地图相似。

12.出发顺序

12.1	在间隔出发定向赛中，参赛者以相等的出发间隔单独出发。在集体出发定向赛中，一个组别的所有参赛者同时出发；在接力定向赛中，这仅适用于骑行第一赛段的队员。在追逐起跑定向赛中，参赛者在由他们之前的成绩决定的出发时间和间隔单独出发。

	12.2	出发顺序必须得到国际定向运动联合会赛事顾问的批准。出发顺序抽签可以是公开的,也可以是不公开的;可以人工完成抽签,也可以由计算机抽签。
	12.3	出发名单必须在竞赛前一天或前一天之前公布,并在根据13.1必须举行的任何代表团官员会议之前公布。
	12.4	即使参赛者尚未到达,也必须抽取所有正确报名的参赛者和团队的名称。没有姓名(空白)的参赛信息不被考虑参加抽签。
世界山地自行车定向运动锦标赛(WMTBOC)山地自行车定向运动世界杯(WCup)	12.5	对于间隔出发,出发顺序必须分为最多4个组。在竞赛前10天公布的国际定向运动联合会世界排行榜单中,排名第1~15位的参赛者被分到第4组;排名第16~30位的参赛者被分到第3组;排名第31~45位的参赛者被分到第2组。所有其他参赛者被分到第1组。对于每个排名第1~45位的参赛者未报名参加竞赛,特定出发组的规模减少一个。在每组中,出发顺序是随机抽取的。 第1组首发,然后是第2组、第3组出发,最后是第4组出发。
世界山地自行车定向运动锦标赛(WMTBOC)山地自行车定向运动世界杯(WCup)	12.6	国际定向运动联合会山地自行车定向运动委员会可以为每个组别提供最多三张"外卡",以将更多排名积分不足的顶级运动员添加到第4组的出发批次中。
世界青少年山地自行车定向运动锦标赛(JWMTBOC)	12.7	对于间隔出发,必须随机抽取出发顺序。抽签必须在3个出发组(1-早、2-中和3-晚)中进行。
世界山地自行车定向运动锦标赛(WMTBOC)山地自行车定向运动世界杯(WCup)世界青少年山地自行车定向运动锦标赛(JWMTBOC)	12.8	对于间隔出发,来自同一联合会的参赛者不得连续出发。如果他们被抽到连续出发,则必须在他们之间插入下一个被抽到的参赛者。如果这种情况发生在抽签结束时或出发组结束时,则必须将他们之前的参赛者插入他们之间。

世界山地自行车定向运动锦标赛（WMTBOC）山地自行车定向运动世界杯（WCup）世界青少年山地自行车定向运动锦标赛（JWMTBOC）	12.9	在个人集体出发定向赛中，参赛者在出发批次中的顺序由赛事前 10 天公布的国际定向运动联合会世界排名列表决定。卫冕世界冠军无论世界排名如何，总是被安排在第一个出发位置。如果某个类别（青少年、大师）没有世界排名，则顺序由该类型的最后一场竞赛的结果决定，而其余参赛者的顺序是随机抽取的。在接力定向赛中，出发批次中参赛者的顺序（及其出发序号），由同一组别的前一个项目中相同类型的最后一次接力定向赛的结果决定。如果每个国家允许一支以上的团队出发，则顺序首先由同一国家内的团队顺序决定，然后由国家顺序决定（例如：捷克－1、法国－1、芬兰－1 等，捷克－2、法国－2 等）。那些没有被安排在最后相应赛事中的人将按照联合会缩写的字母顺序获得随后的出发序号。
	12.10	在集体出发抽签之前，必须将各种线路组合中的每一种都分配出发序号。线路组合必须保密到最后一名参赛者出发后。
	12.11	对于间隔出发，山地自行车长距离定向赛的出发间隔为 3 分钟；山地自行车中距离定向赛的出发间隔为 2 分钟；山地自行车短距离定向赛的出发间隔为 2 分钟。山地自行车短距离赛的出发间隔可以缩短到 1 分钟，但须经国际定向运动联合会赛事顾问批准。
山地自行车定向运动世界杯（WCup）	12.12	山地自行车长距离定向赛的出发间隔可以减少到 2 分钟，但须经国际定向运动联合会赛事顾问批准，他必须确保有合乎需要的线路分叉系统。
世界大师山地自行车定向运动锦标赛（WMMTBOC）	12.13	除非特别规则另有规定，否则出发顺序是随机抽取的。

13.代表团官员会议

世界山地自行车定向运动锦标赛（WMTBOC）山地自行车定向运动世界杯（WCup）	13.1	组织者必须在竞赛前一天召开代表团官员会议。本次会议必须在 19:00 之前开始。国际定向运动联合会赛事顾问必须领导或监督会议。

世界青少年山地自行车 定向运动锦标赛 （JWMTBOC）		
世界山地自行车定向 运动锦标赛 （WMTBOC）		
山地自行车定向运动 世界杯 （WCup）	13.2	每个联合会最多可以有 2 名代表团官员亲自参加会议。
世界青少年山地自行车 定向运动锦标赛 （JWMTBOC）		
世界山地自行车定向 运动锦标赛 （WMTBOC）		
山地自行车定向运动 世界杯 （WCup）	13.3	必须在会议开始前提供出发批次表和其他信息材料。竞赛材料(如必要,提供竞赛号码布)必须在会议结束前分发。
世界青少年山地自行车 定向运动锦标赛 （JWMTBOC）		
世界山地自行车定向 运动锦标赛 （WMTBOC）		
山地自行车定向运动 世界杯 （WCup）	13.4	代表团官员必须有机会在会议期间提问。如果会议上的决定有任何更改,则必须在 22:00 之前在组织者的网站上公布。
世界青少年山地自行车 定向运动锦标赛 （JWMTBOC）		
世界大师山地自行车 定向运动锦标赛 （WMMTBOC）		
国际定向运动联合会 山地自行车定向运动 世界排位赛 （WRE）	13.5	没有代表团官员会议。

14.地形和环境保护

14.1 地形必须适合设置竞争激烈的山地自行车定向运动线路。竞赛区域必须包含一个由不同质量的小路和小径组成的综合网络。在选择地形和赛事场地以及设计线路时，必须考虑莱比尼茨公约的目标。

14.2 在竞赛开始前，竞赛场地不得长时间用于徒步定向运动或山地自行车定向运动，以免任何参赛者拥有不公平的优势。

14.3 一旦选定竞赛地形，必须立即将竞赛地形设为禁区。如果无法做到这一点，则必须尽快公布进入竞赛地形的安排。山地自行车定向运动禁区指南详见附录8(详见国际定向运动联合会官网)。

14.4 如有需要，必须向组织者申请进入禁区的许可。

14.5 该地区的任何自然保护、林业、狩猎等权利都必须得到尊重。

14.6 组织者有责任与土地所有者和环境机构协商，以确保竞赛对植物和野生动物的干扰最小化。

14.7 参赛者有责任避免对植物、野生动物、围栏、墙体和古迹造成损害，并且必须远离任何边界区域。

14.8 不允许在地图区域外骑行。

15.地图

15.1 地图、线路设计和额外的套印必须根据国际定向运动联合会国际山地自行车定向运动地图规范绘制和打印。偏离需要得到国际定向运动联合会理事会的批准。

15.2 地图必须以适当的比例专门为山地自行车定向运动绘制，通常为：
山地自行车短距离定向赛：1∶5000 或 1∶7500；
山地自行车中距离定向赛、集体出发定向赛和接力定向赛：1∶7500 或 1∶10000；
山地自行车长距离定向赛：1∶10000、1∶12500 或 1∶15000。

15.3 地图上的错误和自地图打印以来地形发生的变化，如果与赛事有关，则必须在地图上叠印。

15.4	地图必须打印在防水纸上。
15.5	如果存在竞赛区域以前的定向运动地图,则必须在竞赛前为所有参赛者提供最新版本(高分辨率版)的链接。
15.6	在竞赛当天,如果没有隔离,在获得组织者许可之前,禁止参赛者或代表团官员使用任何竞赛区域地图。组织者可能会对地图的使用进行进一步的限制,这些限制必须在最终公告中公布。
15.7	竞赛地图不得大于参赛者完成线路所需的地图。允许的地图最大尺寸为35厘米×42厘米,只有在赛事顾问批准的情况下才能超过这个尺寸。
15.8	在小型竞赛区域,可以使用第二张或第三张地图来完成线路。
世界山地自行车定向运动锦标赛(WMTBOC)山地自行车定向运动世界杯(WCup)世界青少年山地自行车定向运动锦标赛(JWMTBOC)世界大师山地自行车定向运动锦标赛(WMMTBOC) 15.9	国际定向运动联合会及其成员联合会有权在其官方杂志或网站上复制赛事地图和线路,而无须向组织者支付费用。

16.线路

16.1	在设置线路时,必须遵循国际定向运动联合会发布的山地自行车定向运动的有效技术规范和标准,必须遵守格式规范(附录7,详见国际定向运动联合会官网)。
16.2	线路的标准必须值得举办国际定向运动赛事。必须测试参赛者的导航技能、专注和骑行能力。所有线路都必须使用一系列不同的定向运动技术。线路必须要求在整个竞赛过程中高度专注,包括详细的地图阅读和频繁的决策。所有赛段的设计都应提供多种路线选择,并且必须尽量最大限度地提高参赛者的安全性。

16.3 线路长度必须以最短的合理路线计算。

16.4 总爬升量必须以最短的合理路线来计算，单位是米。

16.5 在接力定向赛中，各队的检查点必须以不同的方式组合，但所有队伍都必须在相同的线路上骑行。如果地形和线路的理念允许，赛段的长度可能会有很大不同。但是，必须按规定保持赛段胜出时间的总和。所有团队必须以相同的顺序骑行定向不同长度的赛段。在每个赛段内，所有平行分叉线路应需要大致相同的骑行时间。

16.6 在个人竞赛中，参赛者的检查点组合可能会有所不同，但所有参赛者必须骑行定向相同的整体线路。

16.7 如果胜出时间表示间隔时间，则必须计划线路，以在间隔时间的中间点实现胜出时间。

世界山地自行车定向运动锦标赛（WMTBOC）
山地自行车定向运动世界杯（WCup）
世界大师山地自行车定向运动锦标赛（WMMTBOC）

16.8 线路必须设置为以分钟为单位，提供以下胜出时间：
男子组和女子组：
105~115：山地自行车长距离定向赛；
75~85：山地自行车集体出发定向赛；
50~55：山地自行车中距离定向赛；
20~25：山地自行车短距离定向赛；
40~45：山地自行车接力定向赛（每赛段的平均时间）；
120~135：山地自行车接力定向赛（总胜出时间）。
世界大师山地自行车定向运动锦标赛的胜出时间在所有年龄组都是相同的。

世界青少年山地自行车定向运动锦标赛（JWMTBOC）

16.9 线路必须设置为以分钟为单位，提供以下胜出时间：
男子组和女子组：
84~92：山地自行车长距离定向赛；
60~68：山地自行车集体出发定向赛；
40~44：山地自行车中距离定向赛；
16~20：山地自行车短距离定向赛；
35~40：山地自行车接力定向赛（每赛段的平均时间）；
105~120：山地自行车接力定向赛（总胜出时间）。

世界山地自行车定向
运动锦标赛
（WMTBOC）
山地自行车定向运动
世界杯
（WCup）
世界青少年山地自行车
定向运动锦标赛
（JWMTBOC）
世界大师山地自行车
定向运动锦标赛
（WMMTBOC）

16.10　所有检查点都必须按特定顺序访问，即：不允许按自由顺序访向检查点。

17.限制区域和路线

17.1　所有与赛事有关的人员必须严格遵守组织者为保护环境而制定的规则和组织者的任何相关指示。

必须在地图上标出越界或危险区域、禁止路线、不得越过的线形地物等。如果它们对参赛者来说不明显，也必须在地面上标记。参赛者不得进入、沿着或穿越标有以下符号的区域、路线或地物：

《国际山地自行车定向运动地图规范》符号"520"：表示不得进入的区域；

《国际山地自行车定向运动地图规范》符号"708"：表示越界边界；

17.2　《国际山地自行车定向运动地图规范》符号"709"：表示越界区域；

《国际山地自行车定向运动地图规范》符号"716"：表示禁止路线；

《国际山地自行车定向运动地图规范》符号"718"：表示禁止通过。

参赛者不得沿着标有《国际山地自行车定向运动地图规范》符号"841"（表示单程强制）的路线走错方向。

17.3　必须在地图上和地面上清楚地标出强制性路线、穿越点和通道。参赛者必须按必经路线骑行。

17.4 除非得到组织者和国际定向运动联合会赛事顾问的特别同意，否则禁止在小路或小径以外区域越野骑行。任何允许的离开小路的越野骑行都必须在公告2和赛事说明中明确说明。

17.5 车辆道路上的任何穿越点都必须有明确的标志，以警告驾驶者和参赛者，并应在适当的情况下进行引导。

18.检查点说明书

18.1 山地自行车定向运动中不使用任何检查点说明书。如果必须设置任何偏离小径的检查点，必须设置为不需要检查点说明书的检查点。

19.检查点设置和设备

19.1 地图显示的检查点必须在地面上有明确的标记，并配备使参赛者能够证明其通过的装备。

19.2 每个检查点都必须由一个点标旗标记，点标旗由三个正方形组成，尺寸约为30厘米×30厘米，以三角形排列。每个正方形必须按对角线划分，一半是白色，另一半是橙色（PMS 165）。

19.3 除非公告2中另有说明，否则所有检查点都必须位于竞赛地图显示的小径上。

19.4 检查点不得放置在彼此相距50米以内的范围，以直线测量。

19.5 每个检查点都必须用代码编号标识，该代码必须固定在检查点上，以便使用打卡器的参赛者可以清楚地读取检查点代码。不得使用小于31的数字。数字必须是白底黑字，高度在3~10厘米，线条粗细为5~10毫米。如果它们可能因倒置阅读而被误解（例如：161），水平显示的代码必须加下划线。

世界山地自行车定向
运动锦标赛
（WMTBOC）
世界青少年山地自行车
定向运动锦标赛
（JWMTBOC）

19.6 从两个方向接近检查点的参赛者必须清楚地看到检查点代码编号。

山地自行车定向运动 世界杯 （WCup） 世界大师山地自行车 定向运动锦标赛 （WMMTBOC）	19.7	每个检查点的代码编号必须以套印的形式提供给参赛者,该检查点代码编号位于检查点序号旁边的地图上。
	19.8	为了证明参赛者的通过,每面点标旗紧邻区域必须有足够数量的打卡器。
	19.9	必须看守所有存在安全问题的检查点。
	19.10	如果在竞赛期间,组织者发现检查点或线路出现问题(例如:打卡器故障、检查点打卡器位置不正确或通道堵塞),组织者应尽一切努力尽快纠正问题。竞赛结束后,组织者必须考虑问题对结果公平性的影响,并采取任何必要的行动。此类操作可能包括使竞赛结果无效。

20.打卡系统

	20.1	根据附录3,只能使用国际定向运动联合会批准的(电子或其他)打卡系统。
世界山地自行车定向 运动锦标赛 （WMTBOC） 山地自行车定向运动 世界杯 （WCup） 世界青少年山地自行车 定向运动锦标赛 （JWMTBOC） 世界大师山地自行车 定向运动锦标赛 （WMMTBOC）	20.2	参赛者必须有机会在模拟赛中练习使用电子打卡系统。
	20.3	参赛者负责使用检查点存储卡在每个检查点的打卡器上打卡。如果一个打卡器不工作,或似乎不工作,则参赛者必须使用提供的备用打卡器。如果没有记录到打卡,则不属于完成到访这个检查点。
	20.4	检查点存储卡必须清楚地显示所有检查点都已被访问。

除非可以确定缺失或无法识别的打卡不是参赛者的过错,否则检查点打卡缺失或无法识别的参赛者不得参与排名。在这种特殊情况下,可以使用其他证据来证明参赛者完成到访检查点,例如:来自检查点官员或摄像机的证据,或检查点打卡器的数据。在所有其他情况下,此类证据是不可接受的,并且参赛者不得参与排名。对于传统(非接触式)计时系统(SPORTident),此规则意味着:

20.5 如果参赛者打卡太快而未能接收到反馈信号,则检查点存储卡中将不包含该打卡信息,并且参赛者不得参与排名(即使检查点打卡器可能已将参赛者的卡号记录为错误打卡)。

允许组织者从任何检查点读取备份。参赛者可以要求组织者从检查点中读取备份,但需要支付 20 欧元(或等值的当地货币)。如果发现检查点包含完整(无错误)打卡,参赛者必须被记录为正确地打卡了该检查点,费用将被退还;否则,费用将由组织者保留。

20.6 丢失检查点存储卡、遗漏打卡一个检查点或以错误顺序到访检查点的参赛者不得参与排名。

20.7 必须提供备用打卡方法,以便在检查点存储卡或打卡器发生故障时允许参赛者记录他们的到访。

21.设备

21.1 在竞赛和训练期间,必须戴坚硬的安全头盔。

21.2 山地自行车必须设计为仅通过链条组,由双腿以圆周运动的方式驱动,无须电动或其他辅助。组织者有权随时检查参赛者的山地自行车,以确保其符合要求。

21.3 所有参赛者都必须确保其设备(带配件和其他装置的山地自行车、头盔、服装等)的质量、材料或设计不会对自己或他人构成任何危险。

21.4 只要组织者联合会的规则没有另行规定,服装和鞋类的选择是自由的。

世界山地自行车定向
运动锦标赛
（WMTBOC）
山地自行车定向运动
世界杯
（WCup）
世界青少年山地自行车
定向运动锦标赛
（JWMTBOC）

21.5　组织者可以决定参赛者必须佩戴竞赛号码布。竞赛号码必须清晰可见，并按照组织者的规定固定。竞赛号码布的尺寸不得大于 25 厘米×25 厘米。竞赛号码布不得折叠或剪裁。

21.6　在竞赛期间，参赛者可以使用的唯一导航辅助工具是组织者提供的地图和一个指北针。

21.7　参赛者必须在整个竞赛中从头到尾与山地自行车在一起，无论他们是骑、推，还是搬山地自行车。

21.8　组织者可以定义一个区域，团队可以在第一场竞赛之前或组织者指定的时间放置备件和工具等设备。不允许在设备区或竞赛期间提供任何帮助（例如：来自教练员的帮助）。

21.9　参赛者可以在竞赛期间携带工具和备件，只允许使用自己或其他参赛者携带的备件或工具（设备区除外）。

21.10　参赛者必须以与开始时相同的山地自行车车架完成竞赛。

21.11　参赛者不得在进入隔离区（如果没有隔离区，则为起点区）和到达竞赛终点之间使用或携带可以向远程信息来源发送或接收信息的设备，除非该设备得到了组织者的批准。可以携带支持全球定位系统（Global Positioning System，GPS）的设备（手表、山地自行车车载电脑等），前提是它们不用于通信或导航。

但是，组织者有权明确禁止使用此类设备。组织者可能会要求参赛者携带追踪设备和/或全球定位系统数据记录器。

| 世界山地自行车定向运动锦标赛（WMTBOC）山地自行车定向运动世界杯（WCup）世界青少年山地自行车定向运动锦标赛（JWMTBOC） | 21.12 | 参赛者必须穿着其联合会的队服。 |

22.出发

	22.1	在个人出发定向赛中，出发方式通常是间隔出发。在接力定向赛中，出发方式通常是集体出发。
世界山地自行车定向运动锦标赛（WMTBOC）山地自行车定向运动世界杯（WCup）世界青少年山地自行车定向运动锦标赛（JWMTBOC）	22.2	所有参赛者都必须有至少30分钟的时间在起点区进行不受干扰的准备和热身。只有尚未出发的参赛者和代表团官员才能进入热身区。
	22.3	可以在出发时间之前组织预出发。如果有预出发时间，则必须向代表团官员和参赛者展示显示召集时间的时钟，并且必须呼叫或显示参赛者的姓名。在预出发之后，参赛者和媒体代表只允许在组织者的指导下出发。
	22.4	在出发时，必须向参赛者展示显示竞赛时间的时钟。如果没有预出发，则必须呼叫或显示参赛者的姓名。
	22.5	出发必须有条不紊，使后来的参赛者和其他人看不到地图、线路、路线选择或通往第一个检查点的方向。如有必要，从计时起点到定向运动起点必须有必经路线。

22.6 　在间隔出发定向赛中,参赛者在出发时间前一分钟取地图。在追逐出发定向赛中,参赛者在出发时间取地图。参赛者负责取正确的地图。参赛者的出发序号或姓名或线路必须在地图上或附近标明,以便在参赛者出发前可见。山地自行车必须静止不动,整辆山地自行车在起跑线后面,并且在开始竞赛信号发出的那一刻,参赛者必须至少保持一只脚在地面上。

22.7 　定向运动起点必须在地图上显示,并画有起点三角形,如果不是计时起点,则在地形中用点标旗标记,但不放置打卡器。

22.8 　迟到的参赛者应被允许参赛,必须记录他们的新出发时间。

在集体或追逐出发定向赛中,参赛者必须尽快出发。在间隔出发定向赛中,如果参赛者在出发线上的时间少于他们出发时间后出发间隔时间的一半,则必须立即出发。

在间隔出发定向赛中,如果参赛者在出发线上的时间超过他们出发时间后出发间隔时间的一半,则必须在下一个可用的出发间隔时间的一半时间内出发。

22.9 　由于自己的过错而迟到的参赛者必须像在原定的出发时间一样计时。因组织者的过错而迟到的参赛者必须从新的出发时间开始计时。

22.10 　每个接力队成员之间的接力是通过触碰进行的。即将出发的参赛者的地图必须放置在接力区后至少50米处。

22.11 　正确和及时的接力交接是参赛者的责任,即使组织者安排了即将到来的团队的预先提醒。

22.12 　在国际定向运动联合会赛事顾问的批准下,组织者可以为未接力的接力队安排后续赛段的集体出发。

22.13 　接力队的其他成员如果漏打或错打(一个)检查点,可以按照组织者的指示出发。组织者必须确保他们以不会影响接力赛结果的方式出发。

世界山地自行车定向
运动锦标赛
（WMTBOC）

山地自行车定向运动
世界杯
（WCup）

世界青少年山地自行车
定向运动锦标赛
（JWMTBOC）

22.14 在接力区域，即将出发的团队成员必须提前收到一些预先提醒，以告知其前一棒团队成员的到来。

22.15 在集体出发定向赛中，出发区域必须足够宽和长，以保证参赛者公平和安全地出发。在起点区允许的情况下，集体出发的参赛者将排成4~10排，骑在他们的山地自行车上。他们在出发前15秒会在山地自行车上收到地图。山地自行车必须静止不动，参赛者必须至少保持一只脚在地面上，直到发出开始信号。

22.16 组织者可以定义一个或多个隔离区，以防止那些尚未出发的参赛者获得有关线路信息。隔离区被定义为一个安全区域，禁止隔离区内的任何人与外界交流，除非赛事组织者授权官员这样做。组织者规定了参赛者和代表团官员必须在隔离区内的时间。组织者必须为在隔离区等候的人士提供足够的设施（如厕所、茶歇室、庇护所等）。如果有人试图在截止时间之后进入隔离区，他们可能会被拒绝进入。参赛者和代表团官员不得携带可以发送或接收信息的通信设备进入隔离区，但21.11规定的全球定位系统设备除外。

23.完赛和计时

23.1 当参赛者越过终点线时，竞赛结束。

23.2 从最后一个检查点到终点的路线必须用胶带或绳索固定界限。终点前最后50米以及接力定向赛到达接力区前50米的赛道，应尽可能笔直，并至少宽5米。

23.3 终点线必须与终点赛道方向成直角。终点线的精确位置须对抵达终点的参赛者清晰可见。

23.4　参赛者在冲过终点线、完成接力或退赛后，须交出检查点存储卡或下载的记录数据。如果组织者有要求，参赛者须交出竞赛地图。

23.5　完赛时间应以下列方式之一确定/计时：
当参赛者的前轮胎越过终点线时；
当参赛者撞线时；
如果使用光束计时，当参赛者打断距地面 30 厘米高的光束时；
当参赛者携带的应答器越过终点线时。

23.6　在间隔出发定向赛中，时间应向下取舍至秒。例如：89 分 13.98 秒按 89 分 13 秒计算。时间必须以小时、分钟和秒为单位，或仅以分钟和秒为单位。在集体出发或追逐出发定向赛中，结果可能会精确至十分之一秒，以便准确呈现参赛者越过终点线的情况。

23.7　在整个竞赛过程中，必须连续使用两个独立的计时系统：一个主计时系统和一个辅助计时系统。计时系统必须以 0.5 秒的精度测量同一组别参赛者之间的相对时间。

23.8　在集体出发或追逐出发定向赛中，终点裁判员应对最终名次做出裁决，并且终点线处必须有一名仲裁委员会成员。

23.9　经国际定向运动联合会赛事顾问批准，组织者可以为每个组别设定有效时间。

23.10　终点处必须配备医疗设施和人员，其应同时胜任林区工作。

24.结果

24.1　正确完成线路的参赛者将按名次排列在竞赛结果中。那些未能正确完成线路的参赛者会在竞赛结果末尾显示，没有名次，但会注明原因（例如：漏打、退赛、取消资格）。

24.2　竞赛中的即时成绩应在终点区或集结区宣布并公布。

24.3　官方结果须在最后一名出发者最迟允许完成时间后不超过 4 小时公布。竞赛结果应在互联网上发布，并在竞赛当天以电子方式提交给国际定向运动联合会。

24.4 官方结果应包含所有参赛者。在接力定向赛中，成绩应包括参赛者的名字（按骑行顺序排列）和各自赛段用时及线路组合用时。

24.5 如果采用间隔出发的方式，则必须为具有相同时间的两个或多个参赛者在竞赛结果列表中提供相同的名次。并列名次后的下一名次必须保持空缺。

24.6 如果采用集体出发或追逐出发的方式，则排名由参赛者完成的顺序决定。在接力定向赛中，排名将由参赛者骑完最后接力赛段的顺序决定。

24.7 在接力定向赛中，如果后续的赛段有集体出发，则队员的个人时间总和决定参加集体出发的队伍的排名。参加后续赛段集体出发的队伍被排在所有以普通方式接力出发并完成竞赛的团队之后。

24.8 超过最长时间（如果设置）的参赛者或团队不得参与排名。

24.9 结果必须基于参赛者在整个线路中的时间，不得根据分段时间对这些时间进行更改。

世界山地自行车定向运动锦标赛（WMTBOC）
山地自行车定向运动世界杯（WCup）
世界青少年山地自行车定向运动锦标赛（JWMTBOC） 24.10 如果一个联合会在接力定向赛中由两支或多支队伍代表，则在确定名次时只考虑成绩最好的队伍。

世界山地自行车定向运动锦标赛（WMTBOC）
山地自行车定向运动世界杯（WCup）
世界青少年山地自行车定向运动锦标赛（JWMTBOC） 24.11 必须向每位代表团官员和经认证的媒体代表提供一张竞赛地图。

山地自行车定向运动 世界杯 （WCup）	24.12	国际定向运动联合会办公室在每轮竞赛后都会制作个人世界杯(女子组/男子组/U23组)和团体世界杯的官方总分表,并在国际定向运动联合会网站上公布。

25.奖品

	25.1	组织者必须安排一个庄重的颁奖典礼。
	25.2	男子组和女子组的奖品必须相同。
	25.3	如果两个或两个以上的参赛者排名相同,他们必须各自获得相应的奖牌和/或证书。
世界山地自行车定向 运动锦标赛 （WMTBOC）	25.4	世界冠军头衔在以下10个独立的竞赛中颁发: 女子,山地自行车短距离定向赛; 男子,山地自行车短距离定向赛; 女子,山地自行车中距离定向赛; 男子,山地自行车中距离定向赛; 女子,山地自行车集体出发定向赛; 男子,山地自行车集体出发定向赛; 女子,山地自行车长距离定向赛; 男子,山地自行车长距离定向赛; 女子,山地自行车接力定向赛; 男子,山地自行车接力定向赛。
世界青少年山地自行车 定向运动锦标赛 （JWMTBOC）	25.5	青少年世界冠军头衔在以下10个独立的竞赛中颁发: 女子,山地自行车短距离定向赛; 男子,山地自行车短距离定向赛; 女子,山地自行车中距离定向赛; 男子,山地自行车中距离定向赛; 女子,山地自行车集体出发定向赛; 男子,山地自行车集体出发定向赛; 女子,山地自行车长距离定向赛; 男子,山地自行车长距离定向赛; 女子,山地自行车接力定向赛; 男子,山地自行车接力定向赛。
地区山地自行车定向 运动锦标赛 （ROC）	25.6	区域冠军头衔可在以下单独竞赛中颁发: 女子,山地自行车短距离定向赛; 男子,山地自行车短距离定向赛; 女子,山地自行车中距离定向赛;

男子,山地自行车中距离定向赛;

女子,山地自行车集体出发定向赛;

男子,山地自行车集体出发定向赛;

女子,山地自行车长距离定向赛;

男子,山地自行车长距离定向赛;

山地自行车混合接力定向赛。

世界山地自行车定向运动锦标赛（WMTBOC） 世界青少年山地自行车定向运动锦标赛（JWMTBOC）	25.7	所有竞赛均颁发以下奖项: 第一名金牌(镀金)和奖状; 第二名银牌(镀银)和奖状; 第三名铜牌和奖状; 第4~6名奖状。 奖牌和奖状由国际定向运动联合会提供。
世界山地自行车定向运动锦标赛（WMTBOC） 山地自行车定向运动世界杯（WCup） 世界青少年山地自行车定向运动锦标赛（JWMTBOC）	25.8	颁奖典礼必须由组织者联合会代表和国际定向运动联合会代表主持。
世界山地自行车定向运动锦标赛（WMTBOC） 山地自行车定向运动世界杯（WCup） 世界青少年山地自行车定向运动锦标赛（JWMTBOC）	25.9	在接力定向赛中,团队的每个成员都必须获得相应的奖牌和/或奖状。
世界山地自行车定向运动锦标赛（WMTBOC） 山地自行车定向运动世界杯（WCup）	25.10	在颁奖典礼上,必须悬挂前3名参赛者或队伍的国旗,并播放冠军的国歌。

世界青少年山地自行车 定向运动锦标赛 （JWMTBOC）		
山地自行车定向运动 世界杯 （WCup）	25.11	在每场个人竞赛中,前3名女参赛者和男参赛者将获得组织者提供的奖品。在每场接力定向竞赛中,前3名队伍将获得组织者提供的奖品。前6名参赛者和前6名团队将获得国际定向运动联合会提供的奖状。
山地自行车定向运动 世界杯 （WCup）	25.12	在最后一场赛事后进入个人世界杯总成绩榜的女子组和男子组的第一名参赛者,将获得国际定向运动联合会提供的奖杯。女子组、男子组以及女子U23组和男子U23组的前3名参赛者将获得国际定向运动联合会提供的奖牌。前6名参赛者将获得国际定向运动联合会提供的奖状。世界杯团体赛的冠军将获得由国际定向运动联合会提供的奖杯。
山地自行车定向运动 世界杯 （WCup）	25.13	在世界杯特别规则中,U23组参赛者将选择两项个人竞赛作为世界锦标赛。女子U23组世界冠军和男子U23组世界冠军的头衔在这两项竞赛中颁发。 以下奖项由国际定向运动联合会提供,并在这些竞赛中颁发: 第一名金牌(镀金)和奖状; 第二名银牌(镀银)和奖状; 第三名铜牌和奖状; 第4~6名奖状。
世界大师山地自行车 定向运动锦标赛 （WMMTBOC）	25.14	每场竞赛每个组别的前3名参赛者将获得国际定向运动联合会提供的奖牌。

26.公平竞争

26.1	所有参加定向运动赛事的人都必须以公平、诚实和友谊的精神行事。参赛者必须相互尊重,尊重官员、媒体、观众和竞赛区域的居民。参赛者必须在地形中尽可能保持安静。
26.2	除发生事故或机械故障外,禁止在竞赛期间寻求或获得其他参赛者的帮助或向其他参赛者提供帮助。帮助受伤的参赛者是所有参赛者的责任。

26.3 在竞赛期间,允许参赛者之间提供机械(备件或维修)协助,但不是强制性的。不允许外部机械辅助。

26.4 禁止使用兴奋剂。国际定向运动联合会反兴奋剂规则适用于所有国际定向运动联合会赛事,国际定向运动联合会理事会可能要求执行兴奋剂控制程序。参赛者有责任获得任何所需的治疗用药豁免(Therapeutic Use Exemption,TUE)证书。

26.5 所有官员在竞赛区域和地形公布之前必须严格保密,同时必须对线路严格保密。

26.6 除非组织者明确允许,否则禁止在竞赛地形上进行任何调查或训练的尝试。在竞赛前和竞赛期间,禁止试图获取组织者提供的任何与线路相关的信息。

26.7 组织者必须禁止任何非常熟悉地形或地图以致比其他参赛者具有实质性优势的参赛者参加竞赛。此类情况必须在与国际定向运动联合会赛事顾问协商后进行讨论和决定。

26.8 代表团官员、参赛者、媒体代表和观众必须留在分配给他们的区域。

26.9 检查点官员不得干扰或留住任何参赛者,也不得提供任何信息。他们必须保持安静,穿着不显眼的衣服,并且不得帮助参赛者接近检查点。这也适用于地形中的所有其他人员,例如:媒体代表。

26.10 冲过终点线后,未经组织者许可,参赛者不得重新进入竞赛地形。退赛的参赛者必须立即在终点宣布,并交出地图和检查点存储卡。该参赛者不得以任何方式影响竞赛或帮助其他参赛者。

26.11 违反任何规则或从违反任何规则中受益的参赛者可能会受到制裁。
可能适用的制裁措施包括:
在集体出发赛制竞赛(集体出发定向赛和接力定向赛)中抢跑则罚时两分钟;
取消资格;
在规定期限内暂停竞赛(仅由纪律小组决定)。
在赛事计划中,赛事组织者或(由于抗议)仲裁委员会有责任在赛事期间实施制裁。在赛事之外,纪律小组负责实施制裁。

如果存在严重违反规则的情况,则可将情况报给国际定向运动联合会纪律小组,以考虑暂停参赛者参加未来的国际定向运动联合会竞赛。

26.12 违反任何规则的非参赛者将受到纪律处分。

26.13 如果在任何时候出现明显的情况,使竞赛对参赛者、官员或观众造成危险,则组织者必须停止、推迟或取消竞赛。

26.14 如果出现使竞赛明显不公平的情况,组织者必须取消竞赛。

26.15 禁止参赛者、代表团官员和赛事官员参与定向运动赛事的赌博。他们也被禁止支持或推广与赛事相关的赌博。此外,他们不得参与任何与赌博有关的腐败行为,包括操纵结果的任何方面、为了利益而不履行职责、收受或提供贿赂以及传递内幕消息。

26.16 如果组织者认为参赛者因身体原因(例如:极度疲惫)继续竞赛而面临受到严重伤害的风险,则组织者可以阻止参赛者继续竞赛。

27. 申诉

27.1 对于违反这些规则或组织者指示的行为,可以提出申诉。

27.2 申诉只能由代表团官员或参赛者提出。

27.3 如有任何申诉,必须尽快以书面形式向组织者提出。申诉由组织者裁决。必须立即将裁决结果通知申诉人。如果组织者无法做出裁决,国际定向运动联合会赛事顾问必须代替他们做出裁决。

27.4 申诉不收取任何费用。

27.5 申诉的时限为完整结果公布后的 15 分钟内。组织者可以设定不同的时间限制,必须在最终公告中公布。在此期限之后收到的申诉只有当存在必须在申诉中解释的有效特殊情况时才会被考虑。

28. 抗议

28.1 可以对组织者关于申诉的裁决结果提出抗议。

28.2 只有提出申诉的代表团官员或参赛者才能提出抗议。

28.3 任何抗议必须在组织者将有关申诉的裁决结果通知申诉人后 15 分钟内以书面形式向组织者提出。如果存在必须在抗议中解释的有效特殊情况，则在此时限之后收到的抗议可由仲裁委员会自行裁决。

世界山地自行车定向
运动锦标赛
（WMTBOC）
山地自行车定向运动
世界杯
（WCup）
世界青少年山地自行车
定向运动锦标赛
（JWMTBOC）
世界大师山地自行车
定向运动锦标赛
（WMMTBOC）
地区山地自行车定向
运动锦标赛
（ROC）

28.4 提出抗议时，必须向国际定向运动联合会高级赛事顾问支付 50 欧元（或等值的当地货币）的抗议费。如果仲裁委员会接受抗议，费用将被退还；否则，费用必须邮寄给国际定向运动联合会。

国际定向运动联合会
山地自行车定向运动
世界排位赛
（WRE）

28.5 抗议不收取任何费用。

29.仲裁委员会

29.1 必须任命 1 个仲裁委员会来裁决抗议。

29.2 国际定向运动联合会理事会决定必须为哪些赛事指定仲裁委员会。如果国际定向运动联合会不任命仲裁委员会，则组织者联合会必须任命仲裁委员会。

29.3 国际定向运动联合会赛事顾问领导仲裁委员会，但没有投票权。

29.4 组织者的代表可以参加仲裁委员会会议，但可能会在仲裁委员会做出裁决之前被要求离开。组织者的代表没有表决权。

29.5　组织者必须根据仲裁委员会的决定行事,例如:恢复被组织者取消资格的参赛者的资格、取消组织者批准的参赛者的资格、取消组织者批准的组别的成绩或批准组织者宣布无效的成绩。

29.6　仲裁委员会只有在所有成员都在场的情况下才有权做出裁决。在紧急情况下,如果仲裁委员会成员过半数同意该裁决,则可以做出初步裁决。

29.7　如果仲裁委员会成员宣布他或她自己有偏见,或者如果仲裁委员会成员无法完成他或她的任务,国际定向运动联合会赛事顾问必须提名 1 名替代者。国际定向运动联合会赛事顾问必须对任何潜在的利益冲突做出最终裁决。

29.8　仲裁委员会的裁决是最终裁决。

世界山地自行车定向
运动锦标赛
(WMTBOC)
山地自行车定向运动
世界杯
(WCup)
世界青少年山地自行车
定向运动锦标赛
(JWMTBOC)
世界大师山地自行车
定向运动锦标赛
(WMMTBOC)

29.9　仲裁委员会由来自不同联合会的 3 名有投票权的成员组成:2 名成员由国际定向运动联合会理事会任命;1 名成员由组织者联合会任命。

国际定向运动联合会
山地自行车定向运动
世界排位赛
(WRE)

29.10　仲裁委员会由 3 名有投票权的成员组成,如果可能,其应来自不同的联合会。

29.11　如果尚未成立仲裁委员会,或者如果赛事已经结束,仲裁委员会不再履行职能,则国际定向运动联合会纪律小组将担任仲裁委员会。

30.上诉

30.1　只有当在仲裁委员会的运作中存在严重的程序错误,或者竞赛规则的适用或解释明显不正确时,才能对仲裁委员会的裁决提出上诉。

30.2 上诉只能由联合会提出。

30.3 必须尽快以书面形式向国际定向运动联合会办公室提出上诉。

30.4 上诉不收取任何费用。

30.5 有关上诉的裁决是最终裁决。

30.6 国际定向运动联合会纪律小组负责处理上诉。

31.赛事监督

31.1 规则具有约束力的所有赛事都必须由国际定向运动联合会赛事顾问监督。国际定向运动联合会赛事顾问必须在任命组织者后的 3 个月内任命。

31.2 国际定向运动联合会理事会自己任命国际定向运动联合会赛事顾问。

31.3 如果国际定向运动联合会赛事顾问由国际定向运动联合会任命，他或她对组织而言为官方代表，则隶属于国际定向运动联合会理事会，并与国际定向运动联合会办公室进行沟通。

31.4 组织者联合会必须始终任命 1 名公正的国家赛事监督。该赛事监督必须协助国际定向运动联合会任命的国际定向运动联合会赛事顾问。如果国际定向运动联合会未为相关赛事指定国际定向运动联合会赛事顾问，则联合会任命的赛事监督将是国际定向运动联合会赛事顾问。联合会任命的赛事监督不必来自同一联合会。

31.5 所有国际定向运动联合会赛事顾问必须持有国际定向运动联合会山地自行车定向运动赛事顾问的执照。任何国际定向运动联合会赛事顾问或国际定向运动联合会赛事顾问助理均不得在参赛团队中承担任何职责。

31.6 国际定向运动联合会赛事顾问必须确保遵守规则，避免错误，公平是最重要的。如果国际定向运动联合会赛事顾问认为有必要进行调整以满足赛事的要求，他或她有权要求进行调整。

31.7 国际定向运动联合会赛事顾问必须与组织者密切合作,并且必须获得所有相关信息。发送给联合会的所有官方信息,例如公告,必须得到国际定向运动联合会赛事顾问的批准。

31.8 至少,必须在国际定向运动联合会赛事顾问的授权下执行以下任务:
批准赛事的场地和地形;
研究赛事组织,并评估拟议的可能的住宿、餐饮、交通、计划、预算和训练的适用性;
评估任何计划中的仪式;
批准起点、终点和接力区域的组织和布局;
评估计时和结果生成系统的可靠性和准确性;
检查地图是否符合国际定向运动联合会的标准;
在评估线路的质量后批准线路,包括:难度、检查点的位置和设备、机会因素和地图的正确性;
检查任何线路拆分方法和线路组合;
评估媒体的安排和设施;
评估兴奋剂检测的安排和设施;
批准官方结果。

31.9 国际定向运动联合会赛事顾问必须进行他或她认为必要的尽可能多的赛事监督访问。访问必须与任命当局和组织者达成一致。每次访问后,国际定向运动联合会赛事顾问必须立即向其指定机构发送 1 份简短的书面报告,并抄送给组织者。

31.10 国际定向运动联合会赛事顾问任命机构可以任命 1 名或多名助理(特别是在制图、线路、财务、赞助和媒体领域),以帮助国际定向运动联合会赛事顾问。

31.11 国际定向运动联合会赛事顾问任命机构有权撤销国际定向运动联合会赛事顾问的任命。

世界山地自行车定向运动锦标赛(WMTBOC)

31.12 国际定向运动联合会赛事顾问必须至少进行 3 次访问:1 次在锦标赛早期阶段;1 次在锦标赛前 1 年;1 次在锦标赛前 3~4 个月。

32.赛事报告

32.1	赛事结束后不超过 4 周，国际定向运动联合会赛事顾问必须向国际定向运动联合会赛事顾问任命机构发送报告。报告应包括赛事的任何重要特征以及任何申诉或抗议的全部细节。

世界山地自行车定向
运动锦标赛
（WMTBOC）
山地自行车定向运动
世界杯
（WCup）
世界青少年山地自行车
定向运动锦标赛
（JWMTBOC）
地区山地自行车定向
运动锦标赛
（ROC）

32.2	赛事结束后不超过 3 周，组织者必须将 1 份简短报告和 2 套包含线路详细信息的硬拷贝地图邮寄给国际定向运动联合会办公室。

世界山地自行车定向
运动锦标赛
（WMTBOC）

32.3	必须在赛事发生后 6 个月内将综合报告和最终账目报表发送给国际定向运动联合会办公室存档。

世界大师山地自行车
定向运动锦标赛
（WMMTBOC）

32.4	赛事结束后不超过 3 周，组织者必须将每张地图的至少一份副本以及线路详细信息邮寄给国际定向运动联合会办公室。

33.广告和赞助

33.1	禁止宣传烟草和烈性酒。
33.2	团队成员在正式仪式上穿的运动服或其他服装上的广告面积不得超过 300 平方厘米。除了竞赛号码布外，山地自行车定向运动员的竞赛服装或装备上的广告数量没有限制。

34.媒体服务

34.1	组织者必须为媒体代表提供有吸引力的工作条件和有利的机会来观察和报道赛事。

世界山地自行车定向
运动锦标赛
（WMTBOC）
山地自行车定向运动
世界杯
（WCup）
世界青少年山地自行车
定向运动锦标赛
（JWMTBOC）
世界大师山地自行车
定向运动锦标赛
（WMMTBOC）

34.2 组织者必须至少向媒体代表提供以下信息：
中等标准的酒店住宿,由使用者支付；
竞赛前一天的竞赛名单、赛事日程手册和其他信息；
参加模拟赛的机会；
在终点区域提供防风雨的、安静的工作空间；
如果要求,在竞赛结束后立即提供带有线路的地图；
互联网接入费用由使用者支付。

34.3 组织者必须尽一切努力最大限度地扩大媒体报道范围,只要这不会损害赛事的公平性。

35.环境使命

35.1 山地自行车定向运动赛事使用小路和小径进行竞赛。除非得到组织者和赛事监督的特别同意,否则通常不允许离开小路和小径越野骑行。

赛事组织者将与国际定向运动联合会山地自行车定向运动委员会联络：
努力应用可持续利用原则,在不损害子孙后代需求的情况下满足当前的需求；
旨在通过向组织者和参赛者提供信息和教育,在组织赛事时达到最高的环境标准；
旨在尽量减少材料的使用和浪费,在适当时使用可再生或回收材料；
致力于咨询并尊重举办赛事所在地区的农村社区的意愿；
在选址赛事中心时,要考虑公共交通路线,并鼓励参赛者共享汽车；
持续评估山地自行车定向运动赛事对农村的环境影响,并采用尽量减少或消除任何不可接受的不利影响的制度和技术；
通过与土地所有者和环境机构的讨论,确定并尽可能避开须谨慎对待的生活环境。

参考文献

［1］国家体育总局编写组.深入学习习近平关于体育的重要论述［M］.北京：人民出版社，2022.

［2］中华人民共和国教育部.《"健康中国2030"规划纲要》提出将健康教育纳入国民教育体系［EB/OL］.（2016-10-26）［2024-4-27］.http://www.moe.gov.cn/jyb_xwfb/s6052/moe_838/201610/t20161026_286160.html.

［3］人民网.第八次全国学生体质与健康调研结果公布 学生身高、体重等发育指标持续向好［EB/OL］.（2021-9-3）［2024-4-27］.http://edu.people.com.cn/n1/2021/0903/c1006-32216712.html.

［4］International Orienteering Federation. Orienteering［EB/OL］.［2024-4-27］.https://orienteering.sport/orienteering/.

［5］中华人民共和国教育部.中国学生体育联合会第九次会员代表大会召开［EB/OL］.（2024-3-21）［2024-4-27］.http://www.moe.gov.cn/jyb_zzjg/huodong/202403/t20240321_1121545.html.

［6］韩文华.定向运动［M］.大连：大连海事大学出版社，2022.

［7］张晓威.定向越野［M］.北京：机械工业出版社，2020.

［8］中国定向运动协会.中国徒步定向运动竞赛规则［EB/OL］.（2016-5-12）［2024-4-27］.http://oacn.sport.org.cn/zlxz/2016-05-12/501865.html.

［9］顾拜旦.奥林匹克宣言［M］.北京：人民出版社，2008.

［10］高嵘，张建华.顾拜旦体育思想的教育价值［J］.武汉体育学院学报，2005，39（3）：26-29.

［11］韩文华，苏煜.体育锻炼与大学生健康生活方式现状分析［J］.中国健康教育，2014，30（8）：687-690.

［12］韩文华，苏煜，高嵘.体医融合健康促进教学模式对大学生健康行为和健康状况的影响［J］.中国健康教育，2019，35（10）：881-884.

［13］崔乐泉.中国近代体育史话［M］.北京：中华书局，1998.

［14］彭聃龄.普通心理学［M］.北京：北京师范大学出版社，2011.

［15］洛佩斯，麦考马克.山地车圣经：骑行技术完全手册［M］.3版.潘震，译.北京：人民邮电出版社，2021.

［16］田麦久.运动训练学［M］.北京：高等教育出版社，2006.

［17］邓树勋，洪泰田，曹志发.运动生理学［M］.北京：高等教育出版社，2004.

［18］田野.运动生理学高级教程［M］.北京：高等教育出版社，2003.

［19］陈吉棣.运动营养学［M］.北京：北京大学医学出版社，2005.

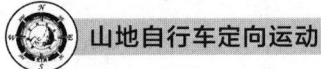

［20］伯克,迪金,迈尼汉.实用运动营养学［M］.常翠青,艾华,译.北京:科学出版社,2023.

［21］International Orienteering Federation. COMPETITION RULES FOR INTERNATIONAL ORIENTEERING FEDERATION（IOF）MOUNTAIN BIKE ORIENTEERING（MTBO）EVENTS［EB/OL］.［2024-4-27］. https://orienteering. sport/mtbo/competition-rules/.